墨人著

墨人博士作品全集【全60冊】

第六冊　心在山林

文史哲出版社印行

國家圖書館出版品預行編目資料

墨人博士作品全集 / 墨人著 -- 初版 -- 臺北市:文史哲, 民 100.12
頁： 公分
ISBN 978-957-549-987-7 (全套 60 冊：平裝)

1.現代文學 2. 中國文學 3.別集

848.6 100022602

墨人博士作品全集【全60冊】
第六冊 心在山林

著 者：墨 人
出 版 者：文 史 哲 出 版 社
http://www.lapen.com.tw
登記證字號：行政院新聞局版臺業字五三三七號
發 行 人：彭 正 雄
發 行 所：文 史 哲 出 版 社
印 刷 者：文 史 哲 出 版 社
臺北市羅斯福路一段七十二巷四號
郵政劃撥帳號：一六一八〇一七五
電話886-2-23511028 · 傳真886-2-23965656

【全60冊】定價新臺幣 36,800 元

中華民國一百年（2011）十二月初版

ISBN 978-957-549-987-7 08992

墨人博士著作品全集　總目

一、散文類

二、長篇小說

三、中短篇小說散文合集

四、詩詞及論評

附：外篇

墨人的一部文學千秋史

張萬熙先生，筆名墨人，江西九江人，民國九年生。爲一位享譽國內外名小說家、詩人、學者。歷任軍、公、教職。六十五歲始自從國民大會簡任一級加年功俸的資料組長兼圖書館長公職崗位退休，但已是中國文壇上一位閃亮的巨星。出版有：《全唐詩尋幽探微》、《紅樓夢的寫作技巧》、二百九十多萬字的大長篇小說《紅塵》、《白雪青山》、《春梅小史》；詩集：《哀祖國》；散文集：《小園昨夜又東風》……。民國五十年、五十一年連續以短篇小說，兩次入選維也納納富出版公司出版的《世界最佳小說選集》。七十歲時自東吳大學中文系教席二度退休，仍著述不輟，爲國寶級文學家。墨人博士在臺勤於創作六十多年（在大陸時期已創作十年），並以其精通儒、釋、道之學養，綜理戎機、參贊政務、作育英才，更以其對傳統文學的精湛造詣，與對新文藝的創作，在國際上贏得無數榮譽，如：美國世界大學榮譽文學博士、美國馬奎士國際大學榮譽文學博士、美國艾因斯坦國際學院榮譽人文學博士（包括哲學、文學、藝術、語言四類）、英國劍橋國際傳記中心副總裁（代表亞洲）、英國莎士比亞詩、小說與人文學獎得主，現在出版《全集》中。

壹、家世・堂號

張萬熙先生，江西省德化人（今九江），先祖玉公，明末時以提督將軍身份鎮守雁門關，蒙古騎兵入侵，戰死於東昌，後封為「河間王」。其子輔公，進士出身，歷任文官。後亦奉召領兵「三定交趾」，因戰功而封為「定興王」。其子貞公亦有兵權，因受奸人陷害，自蘇州嘉定（即今上海市一區），謫居潯陽（今江西九江）。祖宗牌位對聯為：嘉定源流遠，潯陽歲月長；右書「清河郡」、左寫「百忍堂」。

貳、來臺灣的過程

民國三十八年，時局甚亂，張萬熙先生攜家帶眷，在兵荒馬亂人心惶惶時，張先生從湖南長沙火車站，先將一千多度的近視眼弱妻，與四個七歲以下子女，從車窗口塞進車廂，自己則擠在廁所內動彈不得，千辛萬苦的從湖南長沙搭火車南下廣州，從廣州登商輪來臺。七月三日抵基隆，由同學顧天一先生，接到臺北縣永和鎮鄉下暫住。

參、在臺灣一甲子奮鬥的過程

一、初到臺灣的生活

家小安頓妥後，張萬熙先生先到臺北萬華，一家新創刊的《經濟快報》擔任主編，但因財務不濟，四個月不到便草草結束。幸而另謀新職，舉家遷往左營擔任海軍總司令辦公室秘書，負責紀錄整理所有軍務會報紀錄。

民國四十六年，張先生自左營來臺北任職國防部史政局編纂《北伐戰史》（歷時五年多浩大工程，編成綠布面精裝本、封面燙金字《北伐戰史》叢書），完成後在「八二三」炮戰前夕又調任國防部總政治部，主管陸、海、空、聯勤文宣業務，四十七歲自軍中正式退役後轉任文官，在臺北市中山堂的國民大會主編研究世界各國憲法政治的十六開大本的《憲政思潮》，作者、譯者都是台灣大學、政治大學的教授、系主任，首開政治學術化先例。

張先生從左營遷到臺北大直海軍眷舍，只是由克難的甘蔗板隔間眷舍改爲磚牆眷舍，大小一般，但邊間有一片不小的空地，子女也大了，不能再擠在一間房屋內，因此，張先生加蓋了三間竹屋安頓他們。但眷舍右上方山上是一大片白色天主教公墓，在心理上有一種「與鬼爲鄰」的感覺。張夫人有一千多度的近視眼，她看不清楚，子女看見嘴裡不講，心裡都不舒服。張先生自軍中假退役後，只拿八成俸。

張先生因爲有稿費、版稅，還有些積蓄，除在左營被姓譚的同學騙走二百銀元外，剩下的積蓄還可以做點別的事。因爲住左營時在銀行裡存了不少舊臺幣，那時左營中學附近的土地只要三塊多錢一坪，張先生可以買一萬多坪。但那時政府的口號是「一年準備，兩年反攻，三年掃蕩，五年成功。」張先生信以爲真，三十歲左右的人還是「少不更事」，平時又忙著上班、寫作，實在不懂政治、經濟大事，以爲政府和「最高領袖」不會騙人，五年以內真的可以回大陸，張先生又有「戰士授田證」。沒想到一改用新臺幣，張先生就損失一半存款，呼天不應。但天理不容，姓譚的同學不但無后，也死了三十多年，更沒沒無聞。張先生作人、看人的準則是：無論幹什麼都是「誠信」第一，因果比法律更公平、更準。欺人不可欺心，否則自食其果。

二、退休後的寫作生活

張先生四十七歲自軍職退休後，轉任台北市中山堂國大會主編十六開大本研究各國憲法政治的《憲政思潮》十八年，時任簡任一級資料組長兼圖書館長。並在東吳大學兼任副教授二十年、香港廣大學院指導教授、講座教授、指導論文寫作、不必上課。六十四歲時即請求自公職提前退休，以業務重要不准，但取得國民大會秘書長（北京朝陽大學法律系畢業）何宜武先生的首肯，六十五歲依法退休。當時國民大會、立法院、監察院簡任一級主管多延至七十歲退休，因所主管業務富有政治性，與單純的行政工作不同，六十五歲時張先生雖達法定退休年齡，還是延長了四個月才正式退休，何秘書長宜武大惑不解地問張先生：「別人請求延長退休而不可得，你爲什麼反而要求退休？」張先生答以「專心寫作」，何秘書長才坦然不疑。退休後日夜寫作，因胸有成竹，很快完成了一百九十多萬字的大長篇小說《紅塵》，在鼎盛時期的《臺灣新生報》連載四年多，開中國新聞史中報紙連載最大長篇小說先河。但報社還不敢出版，經讀者熱烈反映，才出版前三大冊。當年十二月即獲行政院新聞局「著作金鼎獎」與嘉新文化基金會「優良著作獎」，亦無前例。《台灣新生報》又出九十三章至一百二十二章，只好名爲《續集》。墨人在書前題五言律詩一首：

浩劫未埋身，揮淚寫紅塵，非名非利客，孰晉孰秦人？
毀譽何清問？吉凶自有因。天心應可測，憂道不憂貧。

二〇〇四年初，巴黎 youfeng 書局出版豪華典雅的法文本《紅塵》，亦開「五四」以來中文作家大長篇小說進入西方文學世界重鎮先河。時爲巴黎舉辦「中國文化年」期間，兩岸作家多由政府資助出席，張先生未獲任何資助，亦未出席，但法文本《紅塵》卻在會場展出，實爲一大諷刺。張先生一生「只問耕耘，不問收穫」的寫作態度，七十多年來始終如一，不受任何外在因素影響。

肆、特殊事蹟與貢獻

一、《紅塵》出版與中法文學交流

《紅塵》寫作時間跨度長達一世紀，由清朝末年的北京龍氏家族的翰林第開始，寫到八國聯軍、滿清覆亡、民國初建、八年抗日、國共分治下的大陸與臺灣，續談臺灣的建設發展、開放大陸探親等政策。空間廣度更遍及大陸、臺灣、日本、緬甸、印度，是一部中外罕見的當代文學鉅著。墨人五十七歲時應邀出席在西方文藝復興聖地佛羅倫斯所舉辦的首屆國際文藝交流大會，會後環遊地球一周。七十歲時應邀訪問中國大陸四十天，次年即出版《大陸文學之旅》。《紅塵》一書最早於臺灣新生報連載四年多，並由該報連出三版，臺灣新生報易主後，將版權交由昭明出版社出版定本六卷。由於本書以百年來外患內亂的血淚史爲背景，寫出中國人在歷史劇變下所顯露的生命態度、文化認知、人性的進取與沉淪，引起中外許多讀者極大共鳴與回響。

旅法學者王家煜博士是法國研究中國思想的權威，曾參與中國古典文學的法文百科全書翻譯工作，他認爲深入的文化交流仍必須透過文學，而其關鍵就在於翻譯工作。從五四運動以來，中西文化交流一直是西書中譯的單向發展。直到九十年代文建會提出「中書外譯」計畫，臺灣作家才逐漸被介紹到西方，如此文學鉅著的翻譯，算是一個開始。

王家煜在巴黎大學任教中國上古思想史，他指出《紅塵》一書中所引用的詩詞以及蘊含中國思想的博大精深，是翻譯過程中最費工夫的部分。爲此，他遍尋參考資料，並與學者、詩人討論，歷時十年終於完成《紅塵》的翻譯工作，本書得以出版，感到無比的欣慰。他笑著說，這可說是「十年寒窗」。

《紅塵》法文譯本分上下兩大冊，已由法國最重要的中法文書局「友豐書店」出版。友豐負責人潘立輝謙沖寡言，三十年多來，因對中法文化交流有重大貢獻而獲得法國授予文化「騎士勳章」的榮譽。他於五年前開始成立出版部，成爲歐洲一家以出版中國圖書法文譯著爲主業的華人出版社。

潘立輝表示，王家煜先生的法文譯筆典雅、優美而流暢，使他收到「紅塵」譯稿時，愛得不忍釋手，他以一星期的時間一口氣看完，經常讀到凌晨四點。他表示出版此書不惜成本，不太可能賺錢，卻感到十分驕傲，因爲本書能讓不懂中文的旅法華人子弟，更瞭解自己文化根源的可貴之處，同時，本書的寫作技巧必對法國文壇有極大影響。

二、不擅作生意

張先生在六十五歲退休之前，完全是公餘寫作，在軍人、公務員生活中，張先生遭遇的挫折不少。軍職方面，張先生只升到中校就不做了，因爲過去稱張先生爲前輩、老長官的人都成爲張先生的上司，張先生怎麼能做？因爲張先生的現職是軍聞社資料室主任（他在南京時即任國防部新創立的「軍事新聞總社」實際編輯主任，因言守元先生是軍校六期老大哥，未學新聞，不在編輯之列）。但張先生以不求官，只求假退役，不擋人官路，這才退了下來。那時養來亨雞風氣盛行，在南京軍聞總社任外勤記者的姚秉凡先生頭腦靈活，他即時養來亨雞，張先生也「東施效顰」，結果將過去稿費積蓄全都賠光。

三、家庭生活與運動養生

張先生大兒子考取中國廣播公司編譯，結婚生子，廿七年後才退休，長孫修明取得美國南加州大學電機碩士學位，之後即在美國任電機工程師。五個子女均各婚嫁，小兒子選良以獎學金取得美國華盛頓大學化學工程博士，媳蔡傳惠爲伊利諾理工學院材料科學碩士，兩孫亦已大學畢業就業，落地生根。

張先生兩老活到九十一、九十二歲還能照顧自己。（近年以一印尼女「外勞」代做家事）張先生一伏案寫作四、五小時都不休息，與臺大外文系畢業的長子選翰兩人都信佛，六十五歲退休後即吃全素。低血壓十多年來都在五十五至五十九之間，高血壓則在一百一十左右，走路「行如風」，年輕人很多都跟不上張先生，比起初來臺灣時毫不遜色，這和張先生運動有關。因爲張先生住大直後山海軍眷舍八年，眷舍右上方有一大片白色天主教公墓，諸事不順，公家宿舍小，又當西曬，張先生靠稿費維持七口之家和五個子女的教育費。三伏天右手墊塡著毛巾，背後電扇長吹，三年下來，得了風濕病，手都舉不起來，花了不少錢都未治好。後來章斗航教授告訴張先生，圓山飯店前五百完人塚廣場上，有一位山西省主席閻錫山的保鑣王延年先生在教太極拳，勸張先生天一亮就趕到那裡學拳，一定可以治好。張先生一向從善如流，第二天清早就向王延年先生報名請教，王先生有教無類，收張先生這個年已四十的學生，王先生先不教拳，只教基本軟身功攀腿，卻受益非淺。

四、耿直的公務員性格

張先生任職時向來是「不在其位，不謀其政」。後來升簡任一級組長，有一位「地下律師」的專員，平時鑽研六法全書，混吃混喝，與西門町混混都有來往，他的前任為大畫家齊白石女婿，平日公私不分，是非不明，借錢不還，沒有口德，人緣太差，又常約那位「地下律師」專員到家中打牌。那專員平日不簽到，甚至將簽到簿撕毀他都不哼一聲，因為為他多報年齡，屆齡退休時想更改年齡，但是得罪人太多，金錢方面更不清楚，所以不准再改年齡，組長由張先生繼任。

張先生第一次主持組務會報時，那位地下律師就在會報中攻擊圖書科長，張先生立即申斥，並宣佈記過。簽報上去處長都不敢得罪那地下律師，又說這是小事，想馬虎過去，張先生以秘書處名譽紀律為重，非記過不可，讓他去法院告張先生好了。何宜武祕書長是學法的，他看了張先生簽呈同意記過，那位地下律師「專員」不但不敢告，只暗中找一位不明事理的國大「代表」來找張先生的麻煩。因事先有人告訴他，張先生完全不理那位代表，他站在張先生辦公室門口不敢進來，幾分鐘後悄然而退。人不怕鬼，鬼就怕人。諺云：「一正壓三邪」，這是經驗之談。直到張先生退休，那位專員都不敢惹事生非，西門町流氓也沒有找張先生的麻煩，當年的代表十之八九已上「西天」，張先生活到九十二歲還走路「行如風」，一坐到書桌，能連續寫作四、五小時而不倦，不然張先生怎麼能在兩岸出版約三千萬字的作品？

（原載新文豐《紮根台灣六十年》，墨人民國一百年十一月十三日校正）

墨人博士作品全集

文學是千秋藝業
秦皇漢武今何在
李白杜甫仍風流

全集共分四大類
一、散文類 二、小說類
三、文學理論類
四、新詩古典詩詞類

我出生於一個「萬般皆下品，惟有讀書高」的傳統文化家庭，且深受佛家思想影響，因祖母信佛，兩個姑母先後出家，大姑母是帶著賠嫁的錢購買依山傍水風景很好，上名山廬山的必經之地的「天后宮」出家的，小姑母的廟則在鬧中取靜的市區。我是父母求神拜佛後出生的男子，並寄名佛下，乳名聖保，上有二姊下有一妹都夭折了，在那個重男輕女的時代！我自然水漲船高了。我記得四、五歲時一位面目清秀，三十來歲文質彬彬的李瞎子替我算命，母親問李瞎子，我的命根穩不穩？能不能養大成人？李瞎子說我十歲行運，幼年難免多病，可以養大成人，但是會遠走高飛。母親聽了憂喜交集，在那個時代不但妻以夫貴。也以子貴，有兒子在身邊就多了一層保障。母親的心理壓力很大，李瞎子的「遠走高飛」那句話可不是一句好話。

到現在八十多年了，我還記得十分清楚。母親暗自憂心。何況科舉已經廢了，不必「進京趕考」，更不會「當兵吃糧」，安安穩穩作個太平紳士或是教書先生不是很好嗎？我們張家又是大族，人多勢眾，不會受人欺侮，何況二伯父的話此法律更有權威，人人敬仰，去外地「打流」又有什麼好處？因此我剛滿六歲就正式拜孔夫子入學啓蒙，從《三字經》、《百家姓》、《千字文》、《千家詩》、《論語》、《大學》、《中庸》……《孟子》、《詩經》、《左傳》讀完了都要整本背，在十幾位學生中，也只有我一人能背，我背書如唱歌，窗外還有人偷聽，他們實在缺少娛樂。除了我父親下雨天會吹吹笛子、簫，消遣之外，沒有別的娛樂，我自幼歡喜絲竹之音，但是很少聽到。讀書的人也只有我們三房、二房兩兄弟，二伯父在城裡當紳士，偶爾下鄉排難解紛，他是一族之長，更受人尊敬，因爲他大公無私，又有一百八十公分左右的身高，眉眼自有威嚴，能言善道，他的話比法律更有效力，加之民性純樸，真是「夜不閉戶，道不失遺」。只有「夏都」廬山才有這麼好的治安。我十二歲前就讀完了四書、詩經、左傳、千家詩。我最喜歡的是《千家詩》和《詩經》。

關關雎鳩，在河之洲，
窈窕淑女，君子好逑。

我覺得這種詩和講話差不多，可是更有韻味。我就喜歡這個調調。《千家詩》我也喜歡，我背得更熟。開頭那首七言絕句詩就很好懂：

雲淡風清近午天，傍花隨柳過前川。
時人不識余心樂，將謂偷閒學少年。

老師不會作詩，也不講解，只教學生背，我覺得這種詩和講話差不多，但是更有韻味。我也了解大意，我以讀書爲樂，不以爲苦。這時老師方教我四聲平仄，他所知也止於此。

我也喜歡《詩經》，這是中國最古老的詩歌文學，是集中國北方詩歌的大成。可惜三千多首被孔子刪得只剩三百首。孔子的目的是：「詩三百，一言以蔽之，曰思無邪。」孔老夫子將《詩經》當作教條。詩是人的思想情感的自然流露，是最可以表現人性的。先民質樸，孔子既然知道「食色性也」，對先民的集體創作的詩歌就不必要求太嚴，以免喪失許多文學遺產和地域特性。楚辭和詩經不同，就是地域特性和風俗民情的不同。文學藝術不是求其同，而是求其異。這樣才會多彩多姿。文學不應成爲政治工具，但可以移風易俗，亦可淨化人心。我十二歲以前所受的基礎教育，獲益良多，但也出現了一大危機，沒有老師能再教下玄。幸而有一位年近二十歲的姓王的學生在廬山一未立案的國學院求學，他問我想不想去？我自然想去，但廬山夏涼，冬天太冷，父親知道我的心意，並不反對，他對新式的人手是刀尺的教育沒有興趣，我便在飄雪的寒冬同姓王的爬上廬山，我生在平原，這是第一次爬上高山。

在廬山我有幸遇到一位湖南岳陽籍的閻毅字任之的好老師，他只有三十二歲，飽讀詩書，與民國初期的江西大詩人散原老人唱和，他的王字也寫的好。有一天他要六七十位年齡大小不一的學生各寫一首絕句給他看，我寫了一首五絕交上去，廬山松樹不少，我生在平原是看不到松樹的，我是即景生情，信手寫來，想不到閻老師特別將我從大教室調到他的書房去，在他右邊靠牆壁另加一桌一椅，教我讀書寫字，並且將我的名字「熹」改為「熙」，視我如子。原來是他很欣賞我那首五絕中的「疏松月影亂」這一句。我只有十二歲，不懂人情世故，也不了解他的深意。時任漢口市長張群的侄子張繼文還小我一歲，卻是個天不怕、地不怕的小太保，江西省主席熊式輝的兩個小舅子大我幾歲，閻老師的侄子卻高齡二十八歲。學歷也很懸殊，有上過大學的、高中的，多是對國學有興趣，支持學校的袞袞諸公也都是有心人士，新式學校教育日漸西化，國粹將難傳承，所以創辦了這樣一個尚未立案的國學院，也未大張旗鼓正式掛牌招生，但聞風而至的要人子弟不少，校方也本著「有教無類」的原則施教，閻老師也是義務施教，他與隱居廬山的要人嚴立三先生也有交往。（抗日戰爭一開始嚴立三即出山任湖北省主席，諸閻老師任省政府秘書，此是後話。）同學中權貴子弟亦多，我雖不是當代權貴子弟，但九江先組玉公以提督將軍身分抵抗蒙古騎兵入侵雁門關戰死東昌(雁門關內北京以西縣名，一九九〇年我應邀訪問大陸四十天時去過。)而封河間王；其子輔公。以進士身分出仕，後亦應昭領兵三定交趾而封定興王；其子貞公亦有兵權，因受政客讒害而自嘉定謫居潯陽。大詩人白居易亦曾謫爲江州司馬，我另一筆名即用江州司馬。我是黃帝第五子揮的後裔，他因善造弓箭而賜姓張。遠祖張良是推薦韓信爲劉邦擊敗楚霸王項羽的漢初三傑之首。他有知人之明，深知劉邦可以共患難，不能共安樂，所以悄然引退，作逍遙遊，不像韓信爲劉邦拼命打天下，立下汗馬功勞，雖封三齊王卻死於未央宮呂后之手。這就是不知進退的後果。我很敬佩張良這位遠祖，抗日戰爭初期（一九三八）我爲不作「亡國奴」，即輾轉赴臨時首都武昌以優異成績考取軍校，一位落榜的姓熊的同學帶我們過江去漢口。中共未公開招生的「抗日大學」（當時國共合作抗日，中共在漢口以「抗大」名義吸收人才。）辦事處參觀，接待我們的是一位讀完大學二年級才貌雙全，口才奇佳的女生獨對我說負責保送我免試進「抗大」一期，因未提其他同學，我不去。一年後我又在軍校提前一個月畢業，因我又考取陪都重慶中央政府培養高級軍政幹部的中央訓練團，而特設的新聞「新聞研究班」第一期，與我同期的有爲新詩奉獻心力的覃子豪兄（可惜五十二歲早逝）和中央社東京分社主任兼國際記者協會主席的李嘉兄。他在我訪問東京時曾與我合影留念，並親贈我精裝《日本專欄》三本。他七十歲時過世，這兩張照片我都編入「全集」一百九十多萬字的空前大長篇小說（紅塵）照片類中。而今在台同學只有兩位了。

民國二十八年（一九三九）九月我以軍官、記者雙重身分，奉派到第三戰區最前線的第三十二集團軍上官雲相總部所在地，唐宋八大家之一，又是大政治家王安石，尊稱王荆公的家鄉臨川，（屬撫州市）作軍事記者，時年十九歲，因第一篇戰地特寫《臨川新貌》經第三戰區長官都主辦的行銷甚廣的《前線日報》發表，隨即由淪陷區上海市美國人經營的《大美晚報》轉載，而轉爲文學創作，因我已意識到新聞性的作品易成「明日黃花」，文學創作則可大可久，我爲了寫大長篇《紅塵》、六十四歲時就請求提前退休，學法出身的秘書長何宜武先生大惑不解，他對我說：

「別人想幹你這個工作我都不給他，你爲什麼要退？」我幹了十幾年他只知道我是個奉公守法的張萬熙，不知道我是「作家」墨人，有一次國立師範大學校長劉真先生告訴他張萬熙就是墨人，劉校長看了我在當時的「中國時報」發表的幾篇有關中國文化的理論文章，他希望我繼續寫，劉校長真是有心人。沒想到他在何宜武秘書長面前過獎，使我不能提前退休，要我幹到六十五歲多四個月才退了下來。現在事隔二十多年我才提這件事。鼎盛時期的（台灣新生報）連載四年多的拙作《紅塵》出版前三冊時就同時獲得新聞局著作金鼎獎和嘉新文化基金會「優良著作獎」，劉真校長也是嘉新文化基金會的評審委員之一，他一定也是投贊成票的。「世有伯樂而後有千里馬」。我九十二歲了，現在經濟雖不景氣，但我還是重讀重校了拙作「全集」我一向只問耕耘，不問收穫，我歷任軍、公、教三種性質不同的職務，經過重重考核關卡，寫作七十三年，經過編者的考核更多，我自己從來不辦出版社。我重視分工合作。我頭腦清醒，是非分明，歷史人物中我更敬佩遠祖張良，不是劉邦。張良的進退自如我更歎服。在政治角力場中要保持頭腦清醒，人性尊嚴並非易事。我們張姓歷代名人甚多，我對遠祖張良的進退自如尤爲歎服，因此我將民國四十年在台灣出生的幼子依譜序取名選良。他早年留美取得化學工程博士學位，雖有獎學金，但生活仍然艱苦，美國地方大，出入非有汽車不可，這就不是獎學金所能應付的，我不能不額外支持，他取得化學工程博士學位與取得材料科學碩士學位的媳婦蔡傳惠雙雙回台北探親，且各有所成，幼子曾研究生產了飛機太空船用的抗高溫的纖維，媳婦則是一家公司的經理，下屬多是白人，兩孫亦各有專長，在台北出生的長孫是美國南加州大學的電機碩士，在經濟不景氣中亦獲任工程師，我不要第三代走這條文學小徑，是現實客觀環境的教訓，我何必讓第三代跟我一樣忍受生活的煎熬，這會使有文學良心的人精神崩潰的。我因經常運動，又吃全素二十多年，九十二歲還能連寫四、五小時而不倦。我寫作了七十多年，也苦中有樂，但心臟強，又無高血壓，一是得天獨厚，二是生活自我節制，我到現在血壓還是60—110之間，沒有變動，寫作也少戴老花眼鏡，走路仍然「行如風」，十分輕快，我在國民大會主編《憲政思潮》十八年，看到不少在大陸選出來的老代表，走路兩腳在地上蹉跎，這就來日不多了。個人的健康與否看他走路就可以判斷，作家寫作如在八十歲以後還不戴老花眼鏡，沒有高血壓，長命百歲絕無問題。如再能看輕名利，不在意得失，自然是仙翁了。健康長壽對任何人都很重要，對詩人作家更重要。

一九九〇年我七十歲應邀訪問大陸四十天作「文學之旅」時，首站北京，我先看望已九十高齡的老前輩散文作家，大家閨秀型的風範，平易近人，不慍不火的冰心，她也「勞改」過，但仍心平氣和。本來我也想看看老舍，但老舍已投湖而死，他的公子舒乙是中國現代文學館的副館長，他也出面接待我，還送了我一本他編寫的《老舍之死》，隨後又出席了北京詩人作家與我的座談會，參加七十賤辰的慶生宴，彈指之間卻已二十多年了。我訪問大陸四十天，次年即由台北「文史哲出版社」出版照片文字俱備的四二五頁的《大陸文學之旅》。不虛此行。大陸文友看了這本書的無不驚異，他們想不到我七十一高齡還有這樣的快筆，而又公正詳實。他們不知我行前的準備工作花了多少時間，也不知道我一開筆就很快。

我拜會的第二位是跌斷了右臂的詩人艾青，他住協和醫院，我們一見如故，他是浙江金華人，卻體格高大，性情直爽如燕趙之士，完全不像南方金華人。我們一見面他就緊握著我的手不放，侃侃而談，我不知道他編《詩刊》時選過我的新詩。在此之前我交往過的詩人作家不少，沒有像他如此豪放真誠，我告別時他突然放聲大哭，陪我去看他的北京新華社社長族侄張選國先生，陪我四十天作《大陸文學之旅》的廣州電視台深圳站站長高麗華女士，文字攝影記者譚海屏先生等多人，不但我為艾青感傷，陪同我去看艾青的人也心有戚戚焉，所幸他去世後安葬在八寶山中共要人公墓，他是大陸唯一的詩人作家有此殊榮。台灣單身詩人同上校軍文黃仲琮先生，死後屍臭才有人知道，他小我二歲，如我不生前買好八坪墓地，連子女也只好將我兩老草草火化，這是與我共患難一生的老伴死也不甘心的，抗日戰爭時她父親就是我單獨送上江西南城北門外義山土葬的。這是中國人「入土為安」的共識。也許有讀者會問這和文學創作有什麼關係？但文學創作不是單純的文字工作，而是作者整個文化觀、文學觀，人生觀的具體表現，不可分離。詩人作家不能「瞎子摸象」，還要有「舉一反三」的能力。我做人很低調。寫作也不唱高調，但也會作不平之鳴、仗義直言。我不鄉愿，我重視一步一個腳印，「打高空」可以譁眾邀寵於一時，但「旁觀者清」，讀者中藏龍臥虎，那些不輕易表態的多是高人。高人一旦直言不隱，會使洋洋自得者現出原形。作品一旦公諸於世，一切後果都要由作者自己負責，這也是天經地義的事。

我寫作七十多年無功無祿，我因熬夜寫作頭暈住馬偕醫院一個星期也沒有人知道，更不像大陸的當代作家、詩人是有給制，有同教授的待過，而稿費、版稅都歸作者所有。依據民國九十八年一月十日「中國時報」A十四版「二〇〇八年中國作家富豪榜單」二十五名收入人民幣的數字統計，第一高的郭敬明一年是一千三百萬人民幣，第二名鄭淵潔是一千一百萬人民幣，第三名楊紅櫻是九百八十萬人民幣。最少的第二十五名的李西閩也有一百萬人民幣，以人民幣與台幣最近的匯率近一比四・五而言，現在大陸作家一年的收入就如此之多，是我一九九〇年應邀訪問大陸四十天作文學之旅時所未想像到的，而現在的台灣作家與我年紀相近的二十年前即已停筆，原因之一是發表出版兩難，二是年齡太大了。民國九十八年（二〇〇九）以前就有張漱菡（本名欣禾）、尹雪曼、劉枋、王書川、艾雯、嚴友梅六位去世，嚴友梅還小我四、五歲，小我兩歲的小說家楊念慈則行動不便，鬍鬚相當長，可以賣老了。我托天佑，又自我節制，二十多年來吃全素，又未停止運動，也未停筆，最近在台北榮民總醫院驗血檢查，健康正常。我也有我的養生之道，每天吃枸杞子明目，吃南瓜子抑制攝護腺肥大，多走路、少坐車，伏案寫作四、五小時而不疲倦，此非一日之功。

民國九十八（二〇〇九）己丑，是我來台六十周年，這六十年來只搬過兩次家，第一次從左營搬到台北大直海軍眷舍，在那一大片天主教白色公墓之下，我原先不重視風水，也無錢自購住宅，想不到鄰居的子女有得神經病的，有在金門車禍死亡的，大人有坐牢的，有槍斃的，也有得神經病的，我退役養雞也賠光了過去稿費的積蓄，讀台大外文系的大兒子也生病，我則諸事不順，直到搬到大屯山下坐北朝南的兩層樓的獨門獨院自宅後，自然諸事順遂，我退休後更能安心寫作，遠離台北市區，真是「市遠無兼味，地僻客來稀。」同里鄰的多是市井小民，但治安很好，誰也不知道我是爬格子的，連警察先生也不光顧舍下，除了近十年常有人打電話來騙我，幸未上大當外，我安心過自己的生活。當年「移民潮」去不了美國的也會去加拿大，我是「美國人」的祖父，我不移民美國，更別說去加拿大了。娑婆世界無常，早年即移民美國的琦君（本名潘希真）、彭歌，最後還是回到台灣來了，這不能說台灣是「天堂」，以我的體驗而言是台北市氣候宜人，夏天三十四度以上的日子少，冬天十度以下的日子也很少，老年人更不能適應零度以下的氣溫，我只有冬天上大屯山、七星山頂才能見雪。有高血壓、心臟病的老人更不能適應。我不想做美國公民，做台灣平民六十多年，也沒有自卑感。

娑婆世界是一個無常的世界，天有不測風雲，人有旦夕禍福，老子早說過：「福兮禍所倚，禍兮福所伏。」禍福無門，唯人自招。我一生不起歪念，更不損人利己，與人爲善。雖常吃暗虧，只當作上了一課。這個花花世界是我學不完的大教室，萬丈紅塵其中也有黑洞，我心存善念，更不造文字孽，不投機取巧，不違背良知，蒼天自有公斷，我本著文學良心寫作，盡其在我而已，讀者是最好的裁判。

民國一〇〇年（二〇一一）辛卯七月二十九日下午六時二十三分於紅塵寄廬

1951 年墨人 31 歲與夫人曾麗春女士（30 歲）結婚十周年紀念合影於左營

墨人博士七十壽辰與夫人曾麗春女士合影。此照為大翻譯家、文學理論家黃文範先生所攝，並在照片背後題「南山北海惟仁者壽」。

民國二十九年（1940）作者墨人在江西南城戎裝照。

1939 年墨人即自戰時陪都四川重慶奉派至江西臨川王安石家鄉，第三戰區前線任軍事記者創辦軍報，提供抗日官兵精神食糧。時年 19 歲。

2010 年「五四」作者墨人 91 歲在花蓮和南寺家人合影

2003 年 8 月 26 日作者墨人（中）在含鄱口觀山景點與作者長女韻華、長子選翰、三女韻湘、二女韻真合影。

2005 年 2 月作者次子選良（右一）回台北與父（右二）及作者夫人（中）三女韻湘（左二）二女韻真（左一）合影。

作者墨人在書房留影，時年八十五歲。

《墨人博士大長篇小說〈紅塵〉法文譯本封面照片》

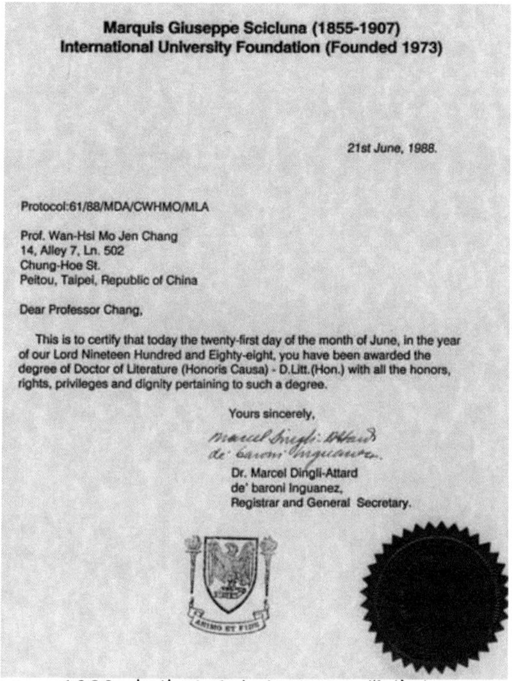

Marquis Giuseppe Scicluna (1855-1907)
International University Foundation (Founded 1973)

21st June, 1988.

Protocol:61/88/MDA/CWHMO/MLA

Prof. Wan-Hsi Mo Jen Chang
14, Alley 7, Ln. 502
Chung-Hoe St.
Peitou, Taipei, Republic of China

Dear Professor Chang,

This is to certify that today the twenty-first day of the month of June, in the year of our Lord Nineteen Hundred and Eighty-eight, you have been awarded the degree of Doctor of Literature (Honoris Causa) - D.Litt.(Hon.) with all the honors, rights, privileges and dignity pertaining to such a degree.

Yours sincerely,

Dr. Marcel Dingli-Attard
de' baroni Inguanez,
Registrar and General Secretary.

1988 年美國馬奎士國際大學基金會，授予張萬熙墨人教授榮譽文學博士學位證書。

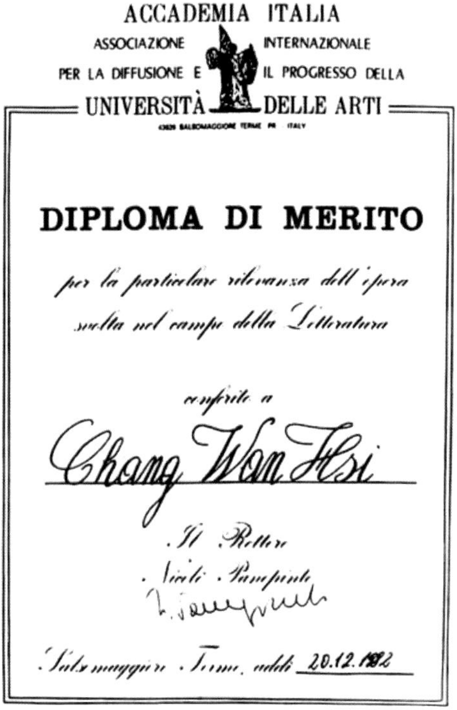

ACCADEMIA ITALIA
ASSOCIAZIONE INTERNAZIONALE
PER LA DIFFUSIONE E IL PROGRESSO DELLA
UNIVERSITÀ DELLE ARTI

DIPLOMA DI MERITO

per la particolare rilevanza dell'opera
svolta nel campo della Letteratura

conferito a

Chang Wan Hsi

Il Rettore
Nicoli Pampinte

Salsomaggiore Terme, addì 20.12.1982

義大利出版英、法、德、義四種文字的「國際文學史」的 ACCADEMIA ITALIA, 1982 年授予墨人的文學功績證書。

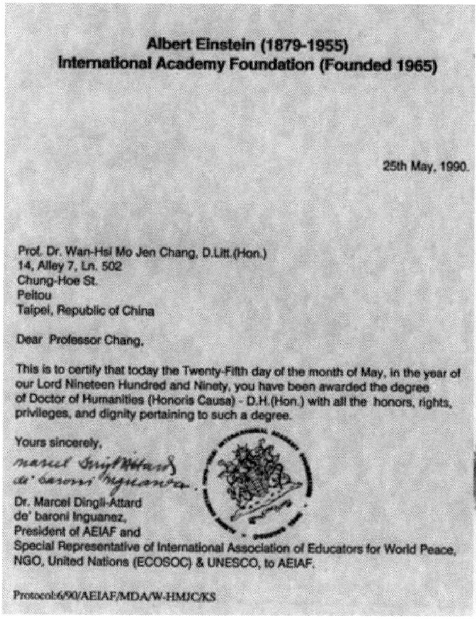

Albert Einstein (1879-1955)
International Academy Foundation (Founded 1965)

25th May, 1990.

Prof. Dr. Wan-Hsi Mo Jen Chang, D.Litt.(Hon.)
14, Alley 7, Ln. 502
Chung-Hoe St.
Peitou
Taipei, Republic of China

Dear Professor Chang,

This is to certify that today the Twenty-Fifth day of the month of May, in the year of our Lord Nineteen Hundred and Ninety, you have been awarded the degree of Doctor of Humanities (Honoris Causa) - D.H.(Hon.) with all the honors, rights, privileges, and dignity pertaining to such a degree.

Yours sincerely,

Dr. Marcel Dingli-Attard
de' baroni Inguanez,
President of AEIAF and
Special Representative of International Association of Educators for World Peace, NGO, United Nations (ECOSOC) & UNESCO, to AEIAF.

Protocol:6/90/AEIAF/MDA/W-HMJC/KS

1990 年美國愛因斯坦國際學院基金會授予張萬熙墨人教授榮譽人文學（含哲學文學藝術語言四種）博士學位

WORLD UNIVERSITY ROUNDTABLE
In Corporate Affiliation with the World University

Greetings

In recognition of Distinguished Achievement within the principles and purposes of the World University development, the Trustees of the Corporation, upon the nomination of the Secretariat, confer doctoral membership and this honorary award upon

Chang Wan-Hsi (Mo Jen)

The Cultural Doctorate in Literature

with all rights and privileges there to pertaining.

Witness our hand and seal at the
International Secretariat
Regional Campus, Benson, Arizona
April 17, 1989

President of the Board of Trustees

Secretary of the Board of Trustees

1989 年美國世界大學授予張萬熙墨人榮譽文學博士學位，文化大學創辦人張其昀（曉峰）先生亦獲此榮譽。

THIS PICTORIAL TESTIMONIAL OF ACHIEVEMENT AND DISTINCTION
proclaims throughout the world that

DR. CHANG WAN-HSI (MO JEN)

is the recipient of the above-mentioned Honour, granted by the Board of Editors of the

2000 OUTSTANDING SCHOLARS OF THE 20TH CENTURY

meeting in Cambridge, England, on the date set out below, AND that the Board also resolves that a portrait photograph of

DR. CHANG WAN-HSI (MO JEN)

be attached to this Testimonial as verification of the Honour bestowed.

2000 OUTSTANDING SCHOLARS OF THE 20TH CENTURY

First Edition

Signed and sealed on the 14th December 1999

Authorized Officer

1999 年 10 月張萬熙墨人博士榮登英國劍橋國際傳記中心《二十世二千位傑出學者》第一版證書。

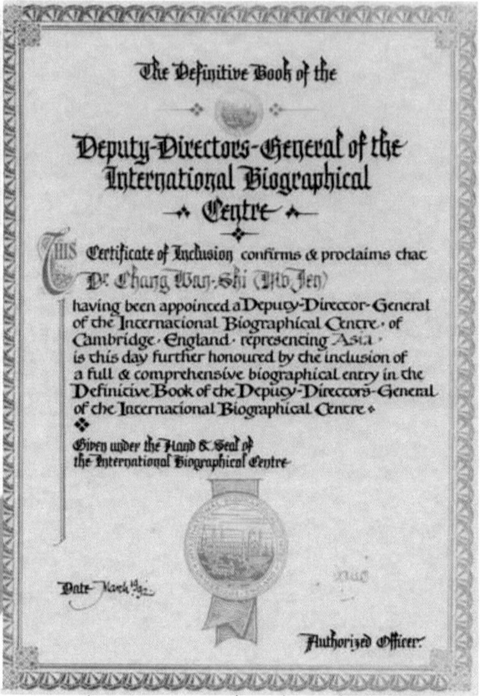

The Definitive Book of the

Deputy-Directors-General of the International Biographical Centre

THIS Certificate of Inclusion confirms & proclaims that Dr. Chang Wan-Shi (Mo Jen) having been appointed a Deputy-Director-General of the International Biographical Centre of Cambridge England representing Asia is this day further honoured by the inclusion of a full & comprehensive biographical entry in the Definitive Book of the Deputy-Directors-General of the International Biographical Centre.

Given under the Hand & Seal of the International Biographical Centre

Date

Authorized Officer

1992 英國劍橋國際傳記中心（I.B.C.）任張萬熙墨人博士為代表亞洲的副總裁。

THE INTERNATIONAL SHAKESPEARE AWARD FOR LITERARY ACHIEVEMENT

This Illuminated Certificate of Merit commemorates and celebrates the life and work of

Dr. Chang Wan-Hsi (Mo Jen) DDG

and is therefore a rightful recipient of the Shakespeare Award for Literary Achievement and as such stands testament to the efforts made by said individual in the arena of

Poetry, Novels and the Humanities

Witnessed on the date set out below by the Officers of the International Biographical Centre at its Headquarters in Cambridge, England and signed by the Director General and Editor-In-Chief.

16th March 2009

Director General

Editor-In-Chief

2009 年 3 月 16 日英國劍橋國際傳記中心總裁與總編輯聯合授予張萬熙墨人博士國際莎士比亞文學成就獎。

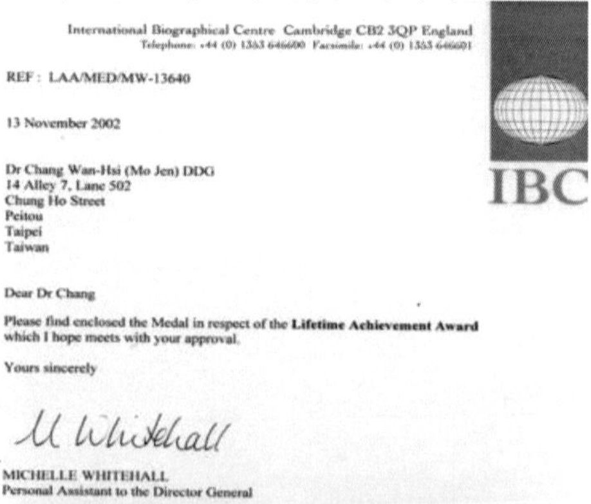

International Biographical Centre Cambridge CB2 3QP England
Telephone: +44 (0) 1353 646600 Facsimile: +44 (0) 1353 646601

IBC

REF : LAA/MED/MW-13640

13 November 2002

Dr Chang Wan-Hsi (Mo Jen) DDG
14 Alley 7, Lane 502
Chung Ho Street
Peitou
Taipei
Taiwan

Dear Dr Chang

Please find enclosed the Medal in respect of the **Lifetime Achievement Award** which I hope meets with your approval.

Yours sincerely

MICHELLE WHITEHALL
Personal Assistant to the Director General

Enc

英國劍橋國際傳記中心(I.B.C.)2002 年頒發詩人作家張萬熙（墨人）博士終身成就獎，英文信及金牌正反面照片墨人早年即被 I.B.C.推選為副總裁。

心在山林目次

〈心在山林〉補記

墨人

〈心在山林〉這本散文集是民國八十九年五月三日由台北中華日報社出版的，我重讀重校重編總作全集，先後共費時兩年多，一直忘了將這本書編進來。一天突然想起這本書來，才在書堆中找到這個孤本，不致又丟失了一本拙作。書中的散文有少數文稿註明了寫作日期或發表的報刊，十之八九是沒有註明的，找難尋誌找，不像長篇小說，比較好找一點。歲月匆匆，不知不覺我亦即進入九十高齡，我是二十世紀以來中國人血淚史的見證人，我覺得痛苦比同輩作家更多。我能活到現在是叨天之幸，我常感天恩、友情。尤其是寫作的文友，這一兩年來去世的不少，他們多是我這種年齡的人

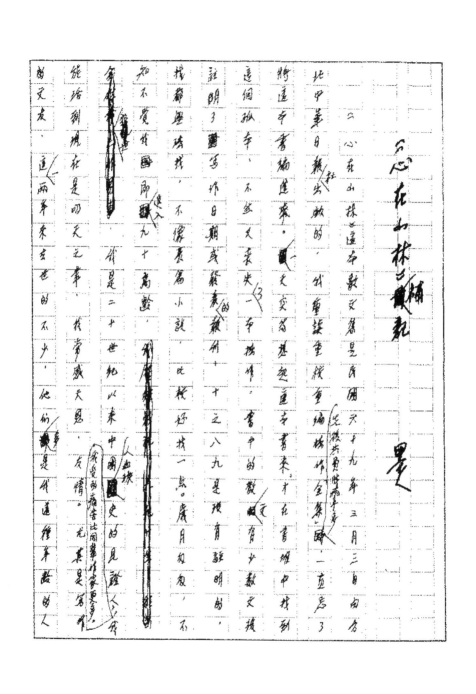

、都為文學付出過心血，但都不是惡人，更非寄蟲，相形之下，微不足道。在工商業社會，錢的作用更大，俗話說「有錢能使鬼推磨」，中文作家很少是有錢的大亨。有錢也許就不寫作了。興趣雖然是文學創作最大的動力，但發表出版樣之死人，作家兼出版家的很少，過去雖有作家試過，但無人成功，因為這是「分工合作」的事，不能兩全其美。按作「全集」就更非出版家合作不可。至於這本「心在山林」散文集，我突然想起，又居然找到了這個孫本。那真是小事了，不然散失的稿作更多！

民國九十七年（二〇〇八）五月十九日於北投紅塵寄廬

民國九十七年（二〇〇八）十一月十四日於紅塵寄廬

花甲雲中過

不憂不惑不懼
樂山樂水樂天
——花甲自壽聯

我生於庚申年壬午月乙未日庚辰時，今年己未，六十虛度，中國習俗作九不作十，實有至理。因爲生命的起點不在呱呱墜地，而在陰陽合一的頃刻之間。易經以乾坤二卦爲宇宙萬象之基，其故在此。

從前國人平均壽命甚低，所以有「人生七十古來稀」之嘆。人到五十，便稱「半百老翁」，一到六十，更是「花甲老翁」了。現在報紙上仍然時常看到這類的標題，實在與事實不符。因爲現在臺灣男人平均壽命接近七十，女人早超過七十了。現在七八十歲的人健步如飛的很多，一點也不「老態龍鍾」。花蓮有一位一百一十歲的老人，仍然十分健康，世界上最老的人已經一百三十六歲，還在活着。十五六年前我在圓山開始學太極拳時，遇見一位本省籍的老先生，矮矮胖胖，雙眉又濃又白，活像一尊彌勒佛，我好奇地打聽他的年紀，別人告訴我他已經八十五了。最近我又看見他一個人在中山北路的紅磚人行道上昂首挺胸地走路，手上還揮舞着一根短棍，步履輕盈，十分悠遊瀟洒。算算年齡，他已經一百歲出頭了。

比起這位健步如飛的百齡人瑞來，我六十歲又算老幾呢？雖然現在我不敢預言到了他那種年齡會和他一樣健康，但是目前二三十歲的人和我一道爬山走路還不是我的對手，這倒是事實。

我早決定生日那天獨自爬山，所以我將生日那天下午的課改在星期六補上，又請了一天假不上班。

生日前兩天是禮拜天，寫新詩的朋友向明、古丁、金劍、靜怡四位還特地陪我爬過面天山，我自己更常常獨自登山，有兩次還和親戚朋友從北投這面上山，再從陽明山那面下來，這段路程不算短，走過的人都知道。

臺北附近的山我覺得還是大屯山、七星山、面天山像個大山，也有點靈氣，加之我住在山下，上山方便，平時我又無其他嗜好，除了在家聽聽平劇唱片、種種花、養養大「鳥」之外，就是上山。

獅頭山是佛教勝地，寺廟很多。大屯山卻是道教勝地，除了一個小小的安國寺之外，一路上去是宮玄宮，上清宮、清天宮、清水宮、三聖宮。

宮玄宮是新建的，地點不錯，規模也不算小，可是缺少經費，一直沒有裝修完工。

上清宮是新近改建的，是大屯山區一座最漂亮的道教宮殿，隱蔽在深山幽谷中，是修持的好地方，住了四十多位道友，在這裡打坐靜修。

清天宮、清水宮相距最近，很小，不成格局。不過清天宮前有一棵大榕樹，當有三五百年歷史。從復興中學到這裡是柏油馬路，今年四月起有中型巴士自北投區公所開到這裡，二十分鐘一班，八塊錢一張票，十分方便。

三聖宮位置最高，距離面天山頂不遠，視界最好，臺北地區一覽無遺。宮前有塊廣場，樹木扶疏，十分精緻，有庭園之美。以往我同別人爬到這裡總要兩個多小時，我單獨登山都是一個半小時，很準。

生日這天是星期二，我仍然從復興中學這面上山，一路上除了我之外，沒有別人。十分清靜，恰好又是陰天，正是登山的好天氣。

過了清天宮全是石級小路，相當陡。兩邊樹木遮天蔽日。鳥聲嚶嚶，雲霧飄渺，人在霧中行走，不是神仙也成了神仙。

我到達三聖宮時還未開門，幸好門上缺了兩塊玻璃，伸手就可以把鐵門拉開。庭院打掃得乾乾淨淨，一塵不染，和我前天來時遊客衆多，嘈雜髒亂，恰好成了强烈的對比。前天還有太陽，今天却是雲霧迷漫，樹木更青翠欲滴、滿山雲樹，一片淒迷。雲霧穿簾入戶，在身邊飛來飛去，我彷彿又回到四五十年前，身在廬山情景。那段山中歲月美景，令我終身難忘，使我更愛看雲樹，愛看雲霧自脚邊升起，從指縫間溜去，抓也抓不着，追也追不到、忽焉在前，忽焉在後，那三年的神仙歲月，使我寫下了長篇小說「白雪青山」。遙念故鄉，只有在今天這種雲樹淒迷中、重溫舊夢。

我獨自在一棵相思樹下的石凳上坐了一會，才有一位中年阿巴桑走了出來，她若無其事，我也若無其事。但我羨慕她有這麼好的淸福，獨享一山雲霧，滿眼翠綠。也許她不以爲樂，而以爲苦？而我却不惜從山下爬上來，回到大自然，享受片刻的淸靜，作個半日神仙，我想和她易地而處，還不可得呢！

也許是空氣沒有汚染的關係，院中的花木長得特別好，尤其是梔子樹，葉兒和花苞長得又肥又大又綠，在雲霧中更盈盈欲滴。

我讓雲霧包圍我，我消失在雲霧中；我也獨自欣賞雲霧。自然我也想起這幾十年的遭遇。

我們這一代人，可以說是半生坎坷的多，春風得意的少，因爲我們正好碰上了國家多難的時代，我更不例外，甚至比別人更糟，能够活到今天，已經很不容易。以前我不了解人與宇宙自然法則的關係，人在坎坷中難免有不平之氣。自從鑽研易經命學之後，自然心平氣和。由於對自己的了解更加透澈，因此也更加達觀。缺少這種知識，就難免患得患失，杞人憂天。一旦了解了人與宇宙自然法則的關係之後，就能知命樂天了。我能有心情爬上山來，偸得浮生半日閒，獨享滿山雲樹，嚶嚶鳥聲，也是基於這種了解。

爲了紀念我這一生中的第一站，我寫了一首「花甲之歌」，記敍我六十年的遭遇、分析賤造的結構，以愉快的心情迎接第二個花甲。現在抄在下面，作爲本文的結束：

一個花甲六十年
地球自轉了二萬一千九百天
我生於一、生於一個圓
我繞着這個圓
走了六十度的空間
六十度的空間

有四十度的頓挫和驚險
我之沒有被震出這個圓圈之外
消失於外太空中間
那是由於生命能量的充沛
和生命結構的均衡
再加上天乙和文昌二星的維護和牽引

六十度的空間
沿着弧線一路翻滾
在我自己的軌道上
留下憂患斑斑的脚印

一個脚印一個音符
沈鬱的樂章中自有昂揚的歌聲
進行曲中也有小夜曲的輕吟

跨過了六十度的空間
我以小白駒子的心情
躍進第二個六十度空間

第二個六十度空間
是六十個春天
這兒有一片桃紅柳綠的大草原

然後我將掌握圓的運行法則
繞着三百六十度空間不停地轉

原載六十八年「自由談」第三十卷第七期

果之註：我重讀這本已遺忘的散文集是今天[illegible]起這本[illegible]（民國九十[illegible]）出版的書，幸好找到了這唯一的孤本。因我今年已九十，第二個花甲過了一半。[illegible]從六十八年，我參加了七年[illegible]又是國共內戰，我在民國三十八年（一九四九）七月三日隨一千多位[illegible]的師生和[illegible]個七歲以下的一男三女，在兵荒馬亂中苟全性命，自知第二個花甲的後三十年是[illegible]的另外年齡，[illegible]又考過九職等公務員更有[illegible]的[illegible]一百歲，她[illegible]跟我的同學上海[illegible]一九一八年三月[illegible]的壽命，她說不知[illegible]地址，又不知年齡，後果如其實，我又不能不信，而且如何[illegible]書了一篇[illegible]述[illegible]

老當益壯

最近在公保門診中心碰見周君亮先生，他已經八十多歲了，身體還很健朗。十幾二十年前，十六開的「作品」雜誌時代，我們時常在一塊小聚，其中以他的年齡最長，他也頗有長者之風，我雖不會打牌，不能入局，但相處盡歡。「作品」雜誌停刋後，大家便很少相聚，尤其是我，無一技之長，既不參加「四健會」，也不喜歡泡茶樓酒館，因此連老朋友也三年五載難得一見，和亮老更是十年八年難得打個照面，因此我趁他候診時間，陪他聊了一會。

他沒有什麼病，只是消化差一點。他雖壽而康，但是相當寂寞，因爲他隻身在臺。

「年紀大了，想找人聊聊都辦不到。」他感慨地說。

的確如此。不但他有此感覺，一到星期天或假日，我也有同感，就是平時上班，眞能談談天的人也不多，何況他退休在家，「孤家寡人」？即使有兒有女，六十以上的人的子女也多已成家立業，天各一方，有也等於無。縱然有個老伴，天天對我生「氣」（無財可生也），也沒有什麼好談的。再則彼此健康情況往往不同，能够行動一致的更少，這就造成了老年人的寂寞，休閒時便百無聊賴了，尤其是那些潔身自好，生活單純的老年人，更加寂寞。因此亮老希望有個老人俱樂部之類的組織，使老年人有機會聊聊天，下下棋，作作輕鬆一點的運動，保持生之樂趣，頤養天年。

老年人如何打發休閒時間？在這個工商業社會，的確是一個問題。平日住在公寓裏，大家不相往來，縱有雅興種花，亦無寸土。出門去走走，又到處人擠人，馬路上的空氣也不好，噪音又大，老年人往往裹足不前。

現在大家營養都好，醫藥又進步，老年人一天天增多，平均壽命已經七十多歲，八九十歲的人臺北也多的是。為了活得更有意義，最好在還不太老時，多作點運動，活動活動筋骨，退休之後，便可寄情於山水之間，與大自然為伍，這是最好的養生自遣之道。

我所謂的寄情於山水之間，不是在有山有水的地方蓋棟花園別墅，種花養鳥，過神仙生活，這是一般靠退休金生活的人還辦不到的。但是如果老而彌健，身手靈活，那就很容易辦到，自己上山就行。每逢假日，登山的人很多，跟着大伙兒走決不會迷路。如果是平日山上更加清靜，空氣更好，聽聽流泉，聽聽鳥聲，看看白雲出岫，花落花開，一切俗念自然隨風而逝；尤其是登上高山，眼界更高，胸襟也更壯闊。孔子登泰山而小魯，我們也可以登大屯山，面天山而小臺北。

臺北附近的山以七星山、大屯山、面天山最高，上去都不難，而以登大屯山、面天山、向天山的人最多。我因爲住在北投，所以時常上去。最近一個禮拜，遇上兩天休假，我一連上去四次。

現在上大屯山更加方便，從北投區公所有小六號車直開半山清天宮，票價八元，從前走到這裏大約要一個小時，現在坐車只要十分鐘。從清天宮到三聖宮這段石級小路十分幽靜，也相當陡，是鍛鍊脚勁，深呼吸的大好地方，這段山路走上去，包你一身大汗，我每次一口氣走上去都是二十二分鐘，下來只要十六分鐘，一般人上去走走歇歇，總得三四十分鐘。

三聖宮是一個休息遠眺的好地方，宮前有一塊廣場，有石桌石凳，滿眼翠綠，臺北盆地一覽無餘，極目所視，不下百里。如果是一個人登山，可以到此爲止，最多再走到向天坪那戶獨立人家那邊消磨一兩小時就可以了。這戶獨立人家是湖南人，很和氣，也賣冷飲、煮麵、煮地瓜，很像內地的中伙舖。這是登山要道，四通八達，（如果在這裏蓋個普通旅館，或招待所，生意不會太壞。）爲上大屯山西峯、大屯山主峯、和面天山，向天山的必經之地。大屯西峯高九百八十公尺，面天山高九百七十七公尺。那天我和宋瑞兄跟着登山行家賴先生一行五人連登大屯山西峯、面天山、向天山三座山峯，事先賴先生兩兄弟警告我們說穿皮鞋不容易上下山，而且我穿的是光溜溜的尼龍底皮鞋，我登山一向穿這雙皮鞋，我笑着對他們說：

「穿光底皮鞋登大屯山才見眞功夫。」

他們以爲我吹牛，不相信地笑笑。

這三座山峯的路又窄又陡，有的地方茅草比人還高，要鑽出鑽進。但是三座山峯上上下下之後，來到向天池休息，他們看我身上衣服、脚上鞋子乾乾淨淨，短袖手臂皮膚絲毫未傷，我又就地作了幾個軟身運動，鬆鬆筋骨，他們看來比在電視上表演軟身功夫的那位七十八歲的老太太更道地，這才心服口服。

這次登面天山時也有一件使我十分欣喜的事，就是在面天山上遇到一位老先生，他下我上，我看他「全身披掛」，鬍鬚一把，身體靈活，和二三十歲的人沒有兩樣，便好奇地問：

「請問老先生今年多大年紀？」

「八十二。」別人代答。

我聽了眞高興，再看看他那直衝而下的背影，覺得現代人的健康壽命是古人無法相比的。因爲這老先生不是楊森那樣的名人，所以沒有人替他宣傳，以他現在的健康情況看來，他會比楊子惠活得更長。這又使我想起一位十幾年前和我一道打太極拳的老先生，今年已超過百歲，最近我還好幾次看見他在中山北路昂首挺胸走路呢。

十月二十一日，我又和宋瑞兄上了向天池，而且從向天池下山，經小坪頂走回北投，這段山路當在十五公里以上，不但沿途風景好，人更輕鬆愉快。他六十一歲，我也是花甲之年。而且很巧，這天晚上我們兩人都只睡兩三個鐘頭，半夜起來寫了一篇文章，我早晨又只喝了一杯牛奶，從九點上山走到十二點多才吃三片麵包，這是我二三十歲時都辦不到的。

生理年齡並不能界定一個人健康好壞，心理是否平衡？平日是否運動？這才是最大的關鍵。游於物外而又常運動的人，一定健康長壽，而且也不會太寂寞。

原載六十八年十一月五日中央日報

山居

十六年沒有搬家，今年甲寅，我生於庚甲年，寅申相沖，今年春天，果然動了。

本來依據合約，去年冬天就該搬的，可是天下事往往難說的很，一向信譽最好的大建築公司，在一場國內外的暴風雨中，也不能如期交屋。陰錯陽差，硬是拖到今年春天才能動。但是搬來搬去，我還是搬到山邊，從大直到北投大屯山下，不過山越來越大了。

原先我是選定內雙溪中央公教社區的，我看中那邊的山高，空氣好，十分僻靜，兩山之間又有一條清溪潺潺流過；再則我到外雙溪東吳上課也比較近便，一舉兩得，所以我「委建」內雙溪公教住宅。可是我做夢也沒有想到會出紕漏！幸好事發之前個把月，我和一位同事到主辦單位探聽「行情」，我察言觀色，看出此中情況不妙，便以壯士斷腕的心情，改弦更張，寧可放棄權利，也不再望梅止渴。本着人不離山的原則，去選擇一樓一底的房屋。我還清楚記得去年四月六號那天，看到一則廣告，地點、價格、房屋大小格式，都與我的理想、能力接近，當天下午，我提前一點下班，趕到工地去看，可惜我想要的房屋早已賣出，我只好退而求其次訂了一戶，但我留下後話，說要溪邊那唯一的一幢雙拼式的一戶，如果別人肯讓，我情願出權利金。隨後我就到大屯路方向兄家中閒聊，他是老北投，我想聽聽他的意見。平時大家窮忙，難得在一起談談，他留我吃晚飯，我也不客套。回家時快九點了，想不到工地的那位先生已先冒雨來過舍下，說是那幢雙拼式的訂戶願意轉讓，要我明天去接洽，第二天我就近跑到公司，公司又說沒有，我說明來龍去脈，公司人員兜了一個圈子，要我下午再去看看，下午便正式改訂了這一戶，我又歪打正着了。現在我住的就是這一幢近山傍水的房屋。

在臺北住了十幾年，我從來沒有上過大屯山，自然也沒有發現大屯山有什麼好處。看山我常以廬山作標準，除了名勝古蹟不談，山的本身一定要峻秀，同時還要有清可鑑人喝到口裏有一股清甜味道的好水與丘壑之勝，此外不問天晴下雨，總要有點雲霧繚繞，才夠山味。天晴，白雲是山的冠冕；下雨，濛濛的霧是山的面紗，雨中看山有一種朧朦美，雨後看山青翠欲滴，美人出浴不足以形容，反而有點褻瀆。臺灣的阿里山和天祥附近的山有那麼一點味道，此外便乏善可陳了。

我移居大屯山脚，秀山之陽後，閒時愛站在樓頂或後面樓上走廊欣賞大屯山的圓頂，生氣盎然的樹木，以及它白色的冠冕，和它淡淡的乳白色的面紗，而坐在小書房裏透過綠色的紗窗，遙望半山萬綠叢中那幢漂亮的紅樓，則更富詩情畫意。我曾經指給一位山水畫家看，說那是一幅最好的山水畫，不必着色，她也笑着點點頭；我久無詩意，一看見它就想寫首小詩，直到有一天和十來位學生探訪時，又將這一點點詩興破壞了。

學生都很愛這座紅樓，留連很久，甚至跑進豪華的客廳去坐，如果我不催促她們離開，她們還捨不得走，出來後她們感慨地說：

「可惜這裏面住的不是詩人、作家、音樂家、藝術家。」

「如果主人請我教琴，我情願免費，只要周末能在這裏住一兩天。」一位學生說。她們都是學音樂的，非常天眞

「如果他有這種雅興，恐怕就蓋不起這幢紅樓了。」我說。

儘管實地看了這幢美麗的紅樓之後，心裏一點美麗的幻想已被破壞，但我每天還是要多看它幾眼，正如我們知道月亮的表面是坑坑洞洞，佈滿灰塵，一片荒涼，我們還是要看月亮一樣。霧裏看花，往往更美，天下事不妨都作如是觀。

我屋前有一個小院，是眞正小，[illegible]一公尺寬，分作左右兩條，右邊的大約四五尺長，左邊的大約一丈左右，對於這個小院，我視如瓌寶，原來無土，都是蓋房子時堆積的砂石，我清理之後再一桶一桶地搬運泥土填進去，栽下桂樹、茉莉、丁香、梔子、杜鵑、聖誕紅等，有的是搬家時帶來的，有的是去花圃買的，都有四五尺高，我的安排是春、夏、秋、冬都有花開。我還在小

院兩端種了兩棵扁豆，扁豆不僅可以作菜，它的紫紅色的小蝴蝶花也可以欣賞，現在它們已經爬上鐵欄杆了。這個小院子的土地我是充分地利用了，連鐵欄杆也沒有浪費。

屋後倒有五六坪畸零地，一大半是我的，一小半是水利地，地上堆滿了大石頭和碎磚，堆得像一座小山，工人運走了一部份，留下來的我自己清理，除了大石頭碎磚就是砂礫，沒有泥土，十分貧瘠。我整理清楚之後，先圍了一道簡陋的竹籬，以免孩子抄近路來來去去，再到士林紫園花圃買了十包種花的乾鷄糞，拌在砂礫裏作基肥。我沿竹籬種了三棵絲瓜，幾棵豇豆，園裏一邊種了二十棵茄子，一株枇杷，一邊種了藥葫蘆，冬瓜，和一棵番石榴。靠房屋小排水溝這邊種了白蘭花、桂花、杜鵑、聖誕紅、曇花。現在絲瓜、茄子已經開花，藥葫蘆長得也很茂盛。藥葫蘆在臺灣不多見，內地卻不少，既可以吃，又可以作裝飾品，內地的道人往往隨身佩帶。為了三棵藥葫蘆和一棵新買的葡萄苗，我還特地搭了一個高架讓它們爬。此外我還洒了不少矮種木瓜籽，可惜生得很少。又在中間過道兩旁利用不能吃的莧菜根插在土裏，讓它們生生不息。

現在小園裏一片綠，生氣勃勃，每天早晚看看，眞個是賞心悅目，澆澆水樂趣無窮，與陶淵明的「採菊東籬下，悠然見南山」淡泊自甘的田園生活彷彿近似，不過他能不為五斗米折腰，我還辦不到。對於這位鄉賢，我是由衷地羨慕和佩服。兒時在廬山讀陶詩的情景猶歷歷在目，但願有一天能舊夢重溫。

小園外面是一條大水溝，是大屯山上流下來的溪水，沒有枯竭的時候。平時流水淙淙，是一種天籟，暴雨時則有若奔雷，聲勢不小，幸好三兩天又恢復淙淙潺潺的小夜曲情調，不再是熱門音樂了。

本來我想買隻會叫的畫眉鳥，但是後來我覺得此地不乏鳥叫，一是附近人家養了幾隻畫眉，我可以「偷聽」；二是大水溝邊樹上會飛來各種野鳥，免費唱給我聽。最近天氣漸漸轉熱，早叫的蟋蟀晚上在牆角嚯嚯不停，聲音之清亮悅耳眞是平生未曾聽過，臺灣氣候不同，秋蟲夏叫已不尋常，而叫得那麼好聽，尤其難得，在臺灣住了二十多年，從南到北，也只在此時此地聽過。

大屯山青翠欲滴，小園裏一片綠意，牆角蟋蟀嚯嚯而鳴，若言聲色之娛，勝過萬丈紅塵。如果還嫌不足，可以再加上田中蛙鼓，徹夜蟲吟，梅、程、荀、言、裘、馬各派的唱腔，以及陽明山、北投、士林，乃至臺北大平原的一片燈海。

據在這裏住了一年多的一位鄉長對我說，本地人認爲這裏風水很好，大屯山的靈氣在秀山，而我們就住在秀山之陽，還有一條小溪流過，眞是有山有水。我不懂風水地理之說，不知此話是否正確？但我覺得這地方十分開朗，比我原來住的坐北朝南的平房要舒暢得多。他說這地方還有兩個好處：一是冬暖夏涼；二是不怕颱風，不會淹水。颱風被大屯山擋了一下，殺了威風，地勢又比臺北高了幾十公尺，自然不會淹水。我原先以爲大屯山邊多雨，他說：「妙得很，臺北大雨，此地小雨，甚至不下雨。」最近幾次下雨，我眞的體會出來了。有一天下午，我在外雙溪東吳上課，大雨傾盆，我未帶雨傘，幾乎上不了交通車，幸好劉光炎先生帶了傘，兩人一起擠上車。後來在圓山轉車，又幸虧一位同仁撐傘送我至地下道口，但我轉至對面候車站時，幾乎成了落湯雞，馬路上流成了小河。我搭上光華六路行至石牌時，雨已很小，路面亦未全濕，到了老北投，路上只有稀稀疏疏的雨點，到家時却一路乾燥，雲縫裏還有一線陽光。

山居的好處不少，但眞正的好處還是一種去人欲存天理與世無爭的恬淡幽趣。

原載六十三年六月二十日中央副刊

晏人註：我在北投已經三十三年。現已九十高齡，甚少去台北市區，因交友圈中與我年齡不相上下者多已去世。

姹紫嫣紅

我生平有三好：一是皮黃，二是花，三是鳥。

如果我從小生長北平，那就不止於戲迷，可能早就是不賴的票友了。因爲無論塊頭，嗓門，我都可以算得上是一塊鬚生的材料。在鬚生中我最欣賞趙培鑫，三十五年在上海「天蟾」第一次看他和馬連良唱「草船借箭」，他的孔明，馬的魯肅。馬連良臺風的儒雅蕭洒，自然不作第二人想，他唱「祭東風」時的「觀看四方」的「看」字，如快刀一切，乾淨俐落，比他灌的唱片好得多。當時觀衆之瘋迷，非筆墨所能形容，散場後電車上、汽車上的戲迷，還不停地哼那麼一個「看」字。那時的趙培鑫還是學馬，鋒頭自然不如馬，但臺風穩健，嗓音亦佳。來臺後他的失空斬、捉放曹、洪羊洞還幾齣戲，却自成一家，雖然學余，但我却更欣賞他的唱腔，「空城計」的「紛紛議論」，「國家事用不着汝等勞心」，那種唱法眞大有學問，成爲人間絕響。本來我最喜歡馬連良「審頭刺湯」裡的道白，和言菊朋的「臥龍弔孝」，但「趙腔」一出，我又更喜歡「趙腔」了。可惜此人生不逢辰，在他最有成就的時候，却是平劇藝術最沒落之秋，結果貧病以死，而且魂在異國。我們有兩句俗話：「三年可以出一個狀元，十年難出一個戲子。」可見藝術之難。今天亦復如此，三年可以出千百個博士，十年也難出一個藝術家、文學家。因爲文學、藝術不是學分和學位可以代表的。

戲是早已只能聽聽唱片和錄音帶了，因此迷的程度不如從前。

臺灣的鳥能叫的却不多，只有畫眉差強人意，但沒有大陸的畫眉好看，眼睛周圍也沒有那一道白圈。同事曾經送過我一隻畫眉，但一天傍晚我換食時，一不小心，却給牠溜了，只留下一隻空籠，勾起一絲絲惆悵。

鷄本來也是鳥類，在這種鳥身上，我花過很多心血，結局也最慘。

說來說去，還是種花最好，不傷感情，也不必花費太多心血；成本不大，而精神上的安慰却無以復加。

我的小院本來沒有圍牆，我想保持自然美，栽了一些紫藤和九重葛代替，但野藤野草太多，凌亂不齊，高矮不一。精通周易和地理的周鼎珩教授又說後面的貴子溪是「洗屁股水，不聚財。」建議我修道圍牆，聚聚氣。本來我就不會賺錢，再洗那水就更「淸潔溜溜」了。去年傷脚，不但受苦，而且破財，因此我接受了他的建議。

圍牆一砌，後門口再鋪上紅鋼磚，果然整齊美觀，又有安全感。本來我擔心砌了圍牆，小院的面積更小，其實不然，原來溝邊不好種花，砌了圍牆後，沿圍牆反而可以多種不少花，多放不少花缽，這是事先沒有想到的。小院中除了原有的花木之外，我又買了一些花補充，周教授一看見我買花就說：

「你眞捨得花錢，眞是愛花成癖。」

其實買花不要多少錢，一株好九曲茶花，在花展時買，也只要一兩百元，去花圃買那就加倍了。以前我都是自花圃買，花了不少寃枉錢。好在我不打牌、不抽烟、不跳舞，花寃枉錢的地方不多；在種花上花再多的錢我也是心甘情願的。而且買花的錢不會白花，只要把它們種在土裡，就會開出一院子姹紫嫣紅，不論春、夏、秋、冬。

臺灣的園藝相當發達，花木種類很多，除了大陸的牡丹外，熱帶的、溫帶的花木幾乎應有盡有。不過我喜歡木本的，草本的只有素心蘭、報歲蘭、四季蘭、九華、寒蘭、春蘭，都是中國蘭花。

現在盛開的是桂花、茶花、玫瑰、杜鵑。

臺灣的桂花雖沒有大陸的香，樹也沒有那麼大，但花季甚長，幾乎四季都在開，尤以十一月到四五月間開得最多，當繁花滿樹時也有一陣陣清香，沁人心脾。

茶花是比較高貴的花，又正好在春節前後開放，花既漂亮，花期也長，所以很得人愛。我種了十一棵，其中六棵九曲，一棵十八學士，一棵七巧，三棵三合。其中以九曲最爲整齊美觀，是臺灣最好的茶花。至於五寶，只是賣花人的噱頭，實際並沒有，一棵三合要變成五寶，得培養三五十年時間。三合雖有黃蕊，是最普通的品種，但它的生命力最强，好種，開花也最多。六角有紅白兩種，白的也很漂亮，但易謝，紅的幾乎媲美九曲。不過我沒有種，實在再也種不下了，以後調整「花相」（這是我杜撰的名詞，襲自「林相」）時，再買一棵。

玫瑰是很漂亮的花，尤其是大輪的紅玫瑰，鮮艷而無俗氣，形狀之美，花朵之大，無與倫比，一朵花可以維持十天以上。玫瑰種類極多，五顏六色，美不勝收，而我最喜歡深紅的大輪玫瑰，介於血火之間，紅得莊嚴、含蓄、優雅，熱情而不狂放，頗有九曲茶花的那份矜持，玫瑰和茶花都是最適宜於庭園栽植，這兩種花不像牡丹的富麗而帶些許俗氣，它們是富而不驕，麗而不俗，也不像竹子那樣清瘦，令人有貧寒的感覺。

杜鵑不算是高貴的花，大陸滿山遍野都是，所以稱爲映山紅。臺灣杜鵑品種不壞，新品種很多，顏色有水紅、大紅、深紅、純白、粉紅多種（可惜很少看見大陸那種黃杜鵑）花朵有大有小，小杜鵑開花更多更密。我喜歡水紅和鮮紅的兩種，一苞四花的鮮紅杜鵑更美，花朵也大。杜鵑和茶花、玫瑰不同、茶花、玫瑰一次開得不多，沒有鬧意。杜鵑開得很多，十分熱鬧，尤其是粉紅的杜鵑。不過杜鵑的「鬧」是只有「鬧意」，而無「喧囂」的感覺，是君子之「鬧」，「鬧中」

不失「文靜」。

在俄亥俄大學唸書的小兒選良，知道我愛花，最近特別買了一包原裝的荷蘭鬱金香球寄來，因爲時間稍遲，我沒有放進冰箱冰上一個星期，就急忙栽進土裡，將來能不能開花還不知道。

花能使人心平氣和，最能怡情養性。我看見過莽漢對着佳人大發脾氣，甚至動粗，我可沒有看見過粗人對花跳脚，罵三字經。任何人看見花都會面露微笑，而花自含苞待放，直到盛開，幾乎每一過程都在微笑，笑得優美而含蓄。一朶花一個世界，一朶花就是一位佳人的笑靨。

詩人彭邦楨曾經寫過一首「花叫」的詩，結果叫到了一朶黑玫瑰，人也叫到美國去了。我沒有聽過花叫，也沒有心情寫一首「花笑」。縱然寫了，大概也笑不出白牡丹來。

——丙辰臘月臺北

原載六十六年二月廿七日中華副刊

風雨七星山

——與登山家穆爾同行

十一月二十五號是星期天，又是我登山的日字。這天天氣不好，大屯山、面天山都隱在雲霧裡，顯然山上是在下雨，平地也飄着細雨。但我還是照常在上午七點出門，到北投區公所那邊搭小巴士，準備上七星山。

但是九號小巴士上沒有一個登山的同伴，後來看到一位揹着黃色登山背包的精壯幹練的年輕人來了，他沒有上車，似乎在等同伴。我問他登那一座山？他說準備登中正山和大屯山西峯，但是天氣不好，路徑又不太熟，他有同伴，有一份責任。我是那一座山都不在乎，只是這條路我也沒有走過。後來又有五六位青年人來了，有的穿着涼鞋，更有一位穿着西裝的青年人，身體瘦弱，臉色蒼白，又戴着一副近視眼鏡，似乎宿酒未醒。那位精壯的青年人一看不對勁，有點擔心，悄悄地對我說：

「我只告訴其中一兩位一道去爬山，想不到來了這麼多，而且都不是爬山的人。他們以爲爬山像郊遊一樣輕鬆。」

「你的責任重，應該考慮考慮。」

「大家都是同事，又不好拒絕。」

「那就趕大伴好了，不要單獨行動。」我說。

「我看了昨天的晚報，說美國那位登山家穆爾今天要登七星山，有興趣登山的人今天上午九點可以在陽明山車站集合出發。」

「那很好，我們上七星山好了。」本來我就想上七星山，因爲昨天下午有事，沒有看晚報，不知道這件事。

他也覺得人多比較安全，責任較輕，於是我們決定一道上七星山。

我們搭車趕到陽明山車站時，大隊人馬已經出發，我們剛好作了上七星山大隊人馬的尾巴了。

這時雲幕低垂，能見度不高，飄風細雨，是一個十足的雨天。起先我只從背包裡拿出雨傘撐着，但是不大方便，又收起雨傘，改穿半截雨衣，戴起雨帽，這樣走路方便多了。

從陽明山到七星山登山口大約走了二十分鐘。

七星山登山口有一個亭子作得很漂亮，水泥亭柱，桌凳漆成松樹紋路顏色，古色古香，從這裡上山到山頂將近四公里的山路，起初比較好走，走到一半的時候，山勢越來越陡，路也越來越滑，雨也越下越大。在窄狹的山徑超前很不容易，但我還是趕上了嚮導，我忽然聽見有人用英語交談，抬頭一看，一位六七十歲的美國人正和比他矮一個頭的嚮導邊走邊談，他能飄洋過海到臺灣來爬山眞是豪情雅興不淺。

七星山是臺北最高的山，它的主峯比大屯山主峯還高四十公尺，但路卻陡窄得多，也長了很多。不是行家，或是身手靈活、體能好的人，在這種風雨交加的日子要想上來可不是那麼容易。和我一道上來的六位青年人都落後了；女孩子看見同伴摔跤，會不自禁地喊聲：

「哎呀，媽呀！」

這一聲喊叫包涵着驚愕、同情，十分清脆、嶄俏，也十分悅耳動聽，自然引起一陣笑聲。

越接近山頂風雨越大，雨是橫掃過來，在平地絕對看不到這種銀亮的平飛的流星雨。

七星山主峯有一座幾丈高的鐵架作爲標識。鐵架旁邊有處岩石，可以擋風，大家都躲在岩石這邊搶着和那位登山家穆爾照相，有的拉開他們協會的旗幟配合照相，以作紀念。

我是「掛單和尚」，不屬任何登山協會，我和一部份人站在避風處喝帶來的茶水，狼吞虎嚥地吃了五片夾肉鬆的麵包充飢，連七星山的風雨一齊吃進肚裡。

休息一會之後循原路下山，下山比上山快，上山大約一個半小時（中途沒有休息。）下山沒有計算時間。本來下山時我起步晚，後來還是一馬當先到達登山口，因爲我的下半身全溼，我想早點回家洗個熱水澡，免得害風溼。

我和那位從北投一道出發的陳姓青年在亭子裡等了一會，他的五位同事才姍姍來遲，本來我想坐計程車回家，那五位青年却主張一路走回北投。從陽明山車站到北投雖然有九點六公里，他們既然有此雅興，我也願意領略在風雨中走這段路的情趣，因此我們從登山口一直向北投走。但是那幾位小老弟老是掉隊。陳姓青年不但登山常識豐富，最難得的是他處處顧及同事，距離拉遠之後他總要停下來等他們，他等我也只好停下來等，等他們走到身邊我們再走。走了沒有多久那五位小老弟又落後很遠。陳姓青年對我說：

「爬山不論年齡，一定要體能相當的人才能一道爬，不然顧忌很多，以後希望能和你老先生一道爬。」

因爲我先告訴他我每個星期天都要爬山，我的小兒子還比他大三歲，他今年才二十五。

我們兩人走到頂北投車站時等了一會還不見那五位小老弟的影子。陳姓青年對我說一定要等他們，要我先搭車回北投，我一個人走也沒有什麼意思，過了一會有一輛公車開來，我就單獨上車回家了。

這次在風雨中上七星山，算是替那位美國登山家穆爾湊了一次熱鬧，值得高興的是交了一位頗不易得的陳姓青年朋友，遺憾的是他給我的一張有姓名和電話號碼的紙條被汗水濕透，洗澡時又不知道放到什麼地方去了，因此連他的名字也想不起來。

另外的一點喜悅是：看到那麼多不畏風雨的登山青年，自然就忘記了那些吸強力膠爲非作歹的靑年。登山的靑年人是社會的安定力量，代表朝氣蓬勃的一面。

原載六十八年十二月六日中華日報

琵琶行裡思故鄉

白居易不但是唐朝的大詩人，在唐代傳奇小說作家中也是第一流的高手。最近上課，我就選「琵琶行」開講，因爲「琵琶行」不但是極好的敘事詩，如果改寫爲小說，也是極其傑出的短篇，因爲它不但故事結構嚴謹，人物描寫亦非常生動。這在一般大學國文選中，更是少數的純文學創作。我愛這篇作品的另一個原因，就是它的創作背景是我的故鄉。

可是我一提出要上這一課時，學生就說：

「老師，不要上這一課嘛！」

我不禁一楞，便問他們：

「是不是大一時上過了？」

「不是，高中就上過了。」

一般大學國文選中，大概有一半課文都是高中上過了的，而眞正的純文學創作，又選的不多。因此我告訴他們：

「這是一篇真正的純文學作品，以前上過了沒有關係，我們不妨再來共同欣賞欣賞。好作品百讀不厭。」

我先寫了兩條筆記，一是白居易的生平，一是潯陽的沿革。所佔時間大約不到十分鐘。「潯陽江頭夜送客，楓葉荻花秋瑟瑟」，這兩句詩總共十四個字，我講到下課只講完「楓葉荻花」，還沒有講到「秋瑟瑟」，學生都聚精會神，聽得津津有味。我不叫下課，就沒有一個人想走。可見一篇好的文學作品是經得起時間考驗的，問題是我們要多作一點發掘工作。

由於講「琵琶行」，也使我想起了故鄉的秋天，打開了那塵封很久的百寶箱，雖然打開時不免一陣興奮加上一股淒涼。

白居易寫「琵琶行」時的潯陽，是一千多年前的潯陽，如果也和我生在同一時代，那就是另一番景象了，所以我的長篇「白雪青山」和「靈姑」裏的故鄉，與「琵琶行」裏的潯陽是不大相同的。我不敢說白居易醜化了潯陽，因爲我生也晚，沒有看見千年以前的潯陽；但我也沒有美化潯陽，「白雪青山」和「靈姑」裏的潯陽，是它的本來面目，我只是加以素描而已。

潯陽（九江）位於長江中游南岸，市區內有清如明鏡的大湖——甘棠湖，境內有天下名山——廬山，南面是中國大湖——鄱陽湖。政府遷臺以前，夏都就在廬山，形勢之盛，風景之美，凡是到過的人，大都知道，不必細說；沒有去過的人，也不是這篇短文可以交代得一清二楚。在這裏我只羚羊掛角地寫寫故鄉之秋。

先說「楓葉荻花」。

楓樹是高大的喬木，春天葉子翠綠欲滴，美得像穿着一身綠衣的二八佳人，輕盈、瀟灑、充滿青春的氣息，不論是單獨站在那裏，或是聯肩並立，或是一路縱隊排列，都表現出絕代的風華。夏天就變成打着一把大綠傘的艷裝少婦了，豐潤無比，濃蔭蔽地，不管天上有多大的太陽，樹下小立，清風徐來，一身涼爽。但它最美的時候還是秋天。一樹酡顏，令人欲醉。說它是紅粉佳人吧，紅粉佳人又沒有它那份剛健；說它是喝醉了酒的詩人吧，它却不瘋瘋顛顛，它站得十分挺拔，紅得格外莊嚴。瑟瑟的秋風一起，不知不覺它就紅了起來。（正如春天的楊柳一樣，春風一吹，就悄悄地披上了綠衣。）由淺而深，終於被秋風吹得酩酊大醉。看着它那麼酩酊大醉，自己也不免有幾分醉意了。

和楓葉同樣粧飾着秋天的還有一種烏桕樹。這種樹比楓樹矮小，葉呈心形，不像楓葉掌狀分裂。可是紅得比楓葉更艷，一夜風霜，會使它紅得更美，不像醉酒的詩人，倒像醉酒的佳人。白居易在「琵琶行」裏沒有寫到它，而事實上「霜葉紅於二月花」的紅葉有很多是烏桕，不單是楓樹。不僅故鄉如此，以紅葉聞名的長沙岳麓山亦復如此。

荻是生在水邊的植物，江邊湖濱最多，尤以長江和洞庭鄱陽湖中的沙洲最盛。白居易時的潯陽，自然沒有民國的九江繁華，我們可以想像得到江邊不是水泥地，沒有躉船碼頭，而是蘆荻叢生，尤其是荻，生命力特別強，一到秋天，秋風瑟瑟，荻花翻白，一片秋意。荻花和楓葉不同，看來有美人遲暮蕭條肅殺之感，尤其是在黃昏時分，看它飄搖在瑟瑟的秋風之中，一種難以形容的淒涼滋味，便油然而生。白居易選擇秋天寫「琵琶行」，而又以荻花襯托，也是匠心獨運，如果他選擇了春風擺柳，繁花似錦的潯陽春天來寫「琵琶行」，縱有生花妙筆，也必然失敗。因為潯陽的春天如荳蔻年華的少女，根本不識愁滋味。時序的推移，景物的變易，可以刺激作者的創作情緒，又可以影響讀者的心理。白居易一開頭卽以潯陽的楓葉荻花和瑟瑟的秋風來培養作品氣氛，襯托遷客怨婦的愁緒，也把握了地方特色。

楓葉、烏桕、荻花，是潯陽的秋色，瑟瑟的風和雁唳長空是潯陽的秋聲。

雁是候鳥，每年秋天準時而來。雁歡喜水、草、蘆、荻、沙灘，這些條件，潯陽樣樣具備。所以秋風一起，鴻雁蔽空而來，蔚藍的天空，寫滿了人字、一字，「咯——啊——咯啊——」之聲，不絕於耳，天空彷彿鬧市，彷彿在開萬人大合唱的音樂會，分不出那是男高音，那是女高音？尤其是天亮之前，黃昏時候，是兩大高潮。在清早有霧的時候，牠們飛得特別慢也特別低，彷彿就在屋頂上和楊樹梢上掠過，翅膀鼓動空氣的沙沙聲聽得十分清楚。幼年時恨不得有一身輕功，一躍而起抓牠幾隻下來，但怎麼跳也跳不到三尺高，因此只好昂着頭，眼巴巴地望着牠們灰暗的身影從容飛過。晚上牠們多半擁擠在沙灘上休息，每一羣當以萬計。很少有人去驚擾牠們，牠們睡得非常安穩，雖然天空有孤雁巡邏，但也是聊備一格，因爲故鄉是魚米之鄉，可吃的東西太多，只有少數老饕，才會動牠們的腦筋，但殺生有限，所以牠們一到潯陽，無異到了安樂窩，吃得肥肥壯壯，直到春暖花開才戀戀不捨向北飛去。

至於「杜鵑啼血猿哀鳴」的杜鵑，在春天倒是很多，杜鵑和黃鶯點綴了潯陽的春天，尤其是黃鶯，那種「閒關鶯語花底滑」的清脆婉轉的韻味，人的聲音是無法相比的。可是一到秋天，牠和杜鵑都消聲匿跡了。「猿」已經沒有了，卽使在廬山，也很少看到猴子。偶然看到幾隻猴子那也是河南人牽着耍把戲的。牠們也不哀鳴，只的溜溜着雙眼，伸手討花生、荸薺、橘子……這也是秋收冬藏的一景。

「楓葉荻花」美化了潯陽的秋天。而長江，甘棠湖，以及大大小小的湖汊裏的鱖魚也更肥了。

鱖魚在很多地方是稀罕之物，尤其是在臺灣，根本吃不到鱖魚。也許是物以稀爲貴，吃不到鱖魚的地方把鱖魚當作魚中珍品，但在故鄉鱖魚却很平常。鱖魚雖然肉多無刺（只有脊刺，很容易剔除），若論鮮美，却遠不如鯿魚，尤其是鯿魚肚腹部分，更肥嫩無比。而我們本地人最愛吃的砂鍋魚頭，那種大鰱魚頭，也比鱖魚的滋味好，就是那種不上酒席的「黃鴨頭」也比鱖魚鮮美。

提起魚，我便不勝感慨。生在魚米之鄉，却大半輩子飄泊在外，抗戰時在後方多山之地，吃不到好魚；臺灣雖然四面環海，但吃海魚味同嚼蠟，魚塭裏養的又是一股泥土味，那有長江大湖裏的魚鮮肥？「五嶽歸來不看山」，離開家鄉之後，我不但沒有看過廬山那麼峻秀又多古蹟的山，也沒有痛快地吃過一次好魚。「楓葉荻花」在臺灣自然也沒有見過。

當年白居易貶到江州，在官場上是一大失意，他又選擇秋天寫「琵琶行」，所以他故意把潯陽寫成一個落後地區。其實潯陽眞是一個好地方。而事實上白居易不僅在潯陽留下了傳誦千古的「琵琶行」，也留下了「琵琶亭」古蹟，在廬山他留下了更多的足跡。要是他不貶到潯陽，那才是他的一大損失。

家鄉的魚

「有水的地方就有魚。」在家鄉的確如此。

黃河鯉魚是很名貴的，但在揚子江裏，名貴的魚還輪不到鯉魚，而是鰣魚、鱖魚；其實鯿魚、白魚、鯖魚、鏈魚、鮎魚，甚至鯽魚也都是很多的魚，決不會比鯉魚差。而黃鴨頭、烏魚、楊花魚，這些雜魚，也各有風味，獨擅勝場。

在三月楊花撲面的日子，長江裏盛產一種楊花魚。這種魚和候鳥一樣，是一種季節魚，只有楊花飛舞的這一段日子才有，平時難得一見芳蹤。這種魚形似帶魚，但顏色比帶魚白，身體比帶魚小，彷彿經過挑選似的，大都是筷子一般長，嘴巴也不像帶魚那般尖硬，眼睛是紅色的，像兩粒透明的紅珍珠。這種魚有一種特別的吃法，就是晒得半濕乾，用油煎着吃，味道特別好。從來沒有人煮着吃，因爲細刺多，煎着吃甚至連刺也可以吃下去。還有一種毛花魚，和楊花魚形狀一樣，只是小得多，普通多爲三[redacted]寸長，這種魚鄱陽湖裏特別多，晒得像刨花一樣，往麻袋裏一裝，吃的時候和晒乾了的紅辣椒同炒，特別下飯。

鰣魚也是季節魚。牠比楊花魚來遲一步，是四月的魚。這種魚數量不多，而且是曇花一現，出水即死，所以特別珍貴，普通人家吃不起，酒樓菜館也當作珍饈，味鮮刺亦多。據說這種魚原是海魚，四月間從東海溯江而上，到長江中游產子，鰣魚的子尤其名貴，比臺灣的烏魚子不知道鮮嫩多少倍。

除了以上兩種魚是季節魚之外，其他的魚眞是一年四季都有，但以冬天的最大最多，因爲冬天長江水淺，鈎船紛紛下水作業，而所鈎起來的又都是大魚。

每年大雪之後，那些油得像黃蠟片的鈎船都下水了，這些船上都掛着磨得雪亮的鋼鈎，那些漁人知道什麼地方魚多，他們便把魚鈎放下水去，但不用餌。不用餌的鈎子怎麼鈎魚？可是偏有這回事，而且鈎起來的都是大魚。據鈎船上的人說，魚愛在鈎上「擦癢」，一擦就掛住了，而且愈擦身上的鈎子就掛得愈多，而所鈎起來的最多的是鯉魚，其次是鱖魚、鰱魚、白魚，小則兩三斤一條，大的則有扁擔一般長，而普通的多在一公尺左右。

鱖魚很少是鈎起來的，多半是用罾攀起來的，數量也不如鯉魚那樣多，這[illegible]也是牠的身價較高的原因。

鱖魚肉多而厚，刺少，好吃而難看，背脊上的鰭很堅硬，皮是青黑色而有斑點，酒樓常以鱖魚肉下麵，尤其是九月團臍十月尖的時候，和蟹黃一道下麵，的確鮮美可口，比鱔魚麵更好。

白魚家鄉叫「翹嘴白」，因爲在魚類當中牠的嘴巴特別向上翹起，彷彿和誰生氣似的，但是全身銀白，鱗又最細，肉也鮮嫩，尤其是肚腹部份更爲滑嫩。牠的體形比鯉魚瘦長些，但沒有鯉魚那般大。

鯮魚是長江裏最勇敢和速度最快的魚，嘴巴如梭，身體瘦長，有點像鯊魚的形狀，但全身白色，腹內只有一根直腸，家鄉形容心腸正直的人就說他是「鯮魚腸」。牠的肉不及白魚嫩。

鯿魚身體比較扁平，兩頭小，中間大，肉多，腹部的肉比白魚的還要滑嫩，其實這才是最好吃的魚。這種魚和鱖魚一樣，很少有十斤以上的，也很少是釣起來的。

在冬天，沙鍋魚頭是一種名菜，而夠資格作沙鍋魚頭的魚頭，只有一種魚，那就是鰱魚。這種魚頭的重量幾乎和身子相等，全身的精華也在頭部，因爲腦髓多，又肥又嫩，至於身上的肉則視同糟粕，因爲刺多。在好魚如林的時候，牠全以頭貴，一個兩三斤重的魚頭燉一個沙鍋，無論是加蘿蔔、豆腐，都會令人饞涎欲滴。

鯖魚和鯉魚都是做臘魚的好魚。一到臘月，幾乎家家的牆壁上的竹棍上都掛了這兩種魚，自然鯉魚更是受人歡迎。

鯉魚一身金紅，尤其是肚皮和尾鰭部份，特別好看，這是最漂亮的魚，所以過年時用的三牲祭品當中總有牠，牠和雄雞、豬頭，並排擺在桌子當中，身上還要貼張紅紙，魚類當中只有牠才有這種殊榮。

鯽魚是普通的魚，長不大，最大的也不過一[illegible]斤，正式酒席裏面雖然很少用牠，可是味道却很鮮美，[illegible]，燉湯的確是一樣好菜，也是家常便菜。

黃鴨頭在背脊上和頭後兩旁有銳利如針的刺，牠會主動地錐入，碰上牠就皮破血流。全身黃色，皮滑，很難捉住。這種魚雖然不登大雅，但黃丫頭燉豆腐確實鮮美無比。

家鄉的烏魚不是臺灣的烏魚，這種魚一身烏黑，肉多刺少，一般人認爲和鱔魚、團魚、烏龜一樣滯補，肉雖不太嫩，却有一種香味，尤其是用荷葉包着放在灰燼裏煨來吃。

至於蝦子那就不値一提了，不僅長江裏多的是，牛睡覺的一團死水裏也多的是蝦子和鯽魚，冬天把水一放乾，就可以弄個十斤八斤。冬天水位高，魚蝦多，冬天水淺，魚蝦逃不出地盤

抗戰八年，遠離長江，生活在山窩裏，吃不到好魚，引爲憾事。來臺灣之後，四面環海，魚產豐富，但海水魚根本不是那麼一回事。在酒席中不論是什麼魚我都懶得動筷子。平時雖偶爾吃差强人意的吳郭魚，牠多少還有一點點鯽魚味道，但眞一比較那就差遠了。只有一次去金門訪問，夜晚和兩個朋友在一家菜館裏，弄了一條活黃魚，佐以道地的金門高粱，吃起來還有一點意思。

如果眞要吃魚，還是回到長江去鄱陽湖邊去。海裏的魚不是那回事。好在我已吃全素二十多年，葷腥不沾，以減少殺業。

家鄉的鳥

家鄉常見的鳥類有麻雀、烏鴉、喜鵲、八哥、畫眉、黃鶯、鵪鶉、麻鷹、快割鳥、啄木鳥、小鷹、燕、鴿、雁、鷺鷥、雲雀，以及一種和八哥差不多大小，身長尾長，羽毛漆黑而好鬪的鳥，但我寫不出它的名字。

麻雀和烏鴉之多，簡直可以遮天蔽日。麻雀經常是在屋簷和麥草堆上跳來跳去，唧唧喳喳，尤其是在春夏之交的時候，麥堆得比樓房還高，它們都在裏面做窠，產卵，孵化；孩子們常常搬着梯子爬上麥堆，伸手到牠們的窠裏去抓，不是抓着幾個滿是雀斑的小蛋，就是抓着幾個小麻雀，決不會落空。而當大人們折下麥堆打麥時，常常發現一窠窠的蛋和一窠窠的小麻雀。

烏鴉之被中國人討厭，大概是易地亦皆然。我們除了討厭牠的不吉利之外，最恨牠抓小鷄。牠常常站在屋角上，或是麥堆上，乘虛蹈隙地飄然而下，啣走小鷄，使老母鷄和婦女小孩防不勝防。農婦們辛辛苦苦地孵的幾窠小鷄，往往被牠們抓得一隻不剩，雖然兇惡的老母鷄也會飛上屋簷或是麥堆上去追逐敵人，但是母鷄的智慧沒有牠們高，牠們常施用調虎離山的詭計，聲東擊西，往往這隻烏鴉把老母鷄引開，另一隻烏鴉却迅速地把小鷄啣走，站在屋角或是麥堆上，將小鷄生吞活剝，使你恨得牙癢癢的。所以烏鴉成爲婦女們咀咒的對象。

每當隆冬季節的傍晚，屋上飄着炊烟，牠們漫天飛來飛去，黑色的背上披着夕陽的餘暉，嘴裏不停地聒噪，牠們根本不配作音樂家，也沒有誰愛聽牠們的歌唱，可是牠們像一個沒有人指揮的大管絃樂隊，嘈嘈雜雜，不堪入耳，然而牠們却叫得非常起勁。這樣鬧得天快昏黑的時候，牠們才落在枯禿的大楊樹上，像一個個黑色的音符，擠滿了一樹。

遇到風雪連天的日子，牠們就够受了！遍地都是皚皚的白雪，樹枝上掛滿了如銀的冰凌，牠們不會做窠，只好縮着頸子站在枯枝上挨凍受餓。尤其是年老的烏鴉，那種縮着頸子慘叫的可憐相，可以沖淡你心頭的積恨。而在這種時候，你也會發現牠們的「烏德」。年輕的烏鴉，會將自己千辛萬苦找來的食物，餵牠們年老的父母，尤其是那種頸上有一圈白箍的烏鴉，常常會這樣作。

鵰鷹也是婦女痛恨的對象，但牠們抓小鷄的方法完全是豪奪，不是巧取。牠們成天在天空磨來磨去，一看中目標，便兩翼向後一掠，疾衝而下，兩脚抓住小鷄又迅速地騰身而起，母鷄自己都嚇得亂竄，根本不敢抵抗。但犧牲於鵰鷹的小鷄遠不如犧牲於烏鴉的小鷄那麼多，因爲當牠們在天空盤旋的時候，老母鷄事先就有警覺，帶着小鷄伏在麥堆邊上或是其他可以隱蔽的地方躲了起來，只有疏忽才會發生意外。而麻鷹又不會合作，牠抓着小雞之後也是飛到遠遠的大樹上去「分屍」，不是在人的眼面前啄食。

另外有一種比麻鷹和烏鴉都小的灰褐色的小鷹，多半在黃昏之前突然出現，行動快速得驚人，牠不像麻鷹在天空盤旋，也不像烏鴉站在屋角和麥堆上，牠是一個刼掠者，一隻輕騎兵，牠突然平飛而來，從人羣中攫取小雞，等到你發現時牠已閃電而過。而且牠專抓半斤左右的小雞，牠的爪子和翅膀特別強勁有力，這可以從牠偶一「失手」的時候看出來的。當牠急衝而過的時候，半斤以上的小雞也會被牠打出一丈多遠，不是當場打死，也一定重傷，傷處多在小雞的胸腹部位，像刀割的一樣，有時腸子都會流出來。

烏鴉、麻鷹、小鷹，都是鳥類中的肉食者，烏鴉和麻鷹還會吃江上漂來的人畜浮屍，小鷹却不然，牠幾乎是來無影，去無蹤的，很少看到牠在什麼地方停留。

春夏之交是黃鶯、快割鳥、雲雀、燕子的世界，而牠們又都是第一流的歌手。

當麥子抽穗的二三月，正是春眠不覺曉的時候，清晨突然聽到清脆響亮悅耳的「快割——快割——」的聲音時，我會從床上一躍而起，跑出去歡迎牠。看着牠從如眉的柳葉和嫩綠的桑葉之間緩緩飛過，從這個樹林飛向那個樹林。牠和鵪鴣差不多大小，羽毛也帶着褐色，不但歌聲好聽，樣子也比鵪鴣漂亮多了。牠叫得最殷切的時候是五更左右，它是不是 meadow lark? 這要請致動物學家，但家鄉父老都叫牠「快割鳥」，尤其是當大家都在割麥時，如果有人偷懶，一聽見牠「快割——快割」地叫，便自然地快割起來。抗戰時爲了懷念牠我曾經爲牠寫過一首新詩。

黃鶯是最會歌唱也是最漂亮的鳥，牠的歌聲婉轉清脆，油菜花般黃的羽毛，在翠綠的林間飛來飛去，眞像一位高貴的公主。我從「兩個黃鸝鳴翠柳，一行白鷺上靑天」，「打起黃鶯兒，莫敎枝上啼，啼時驚妾夢，不得到遼西。」這些詩中加深了對牠的印象，牠和快割鳥是道地的「梅派靑衣」，貨眞價實，沒有一點假嗓子，聽來酣暢淋漓，繞樑三日。

雲雀也是很會歌唱的鳥。每當牠從麥地裏一衝而起，直上雲霄，展翅高歌的時候，我便會悠然神往。牠兩翅張開，身體停在空中不動，急促而輕快的歌聲，如山溪流水從牠嘴裏滑出來，我仰着頭歎歎地望着牠，彷彿看見牠的小嘴邊有一串串音符跳動。雪萊曾經爲牠寫過一首名詩。（抗戰時我在江西南城敎書的那年，一天在河東躲警報，正仰着頭看雲雀停在高空歌唱，突然一隻鷂鷹飛了過來，於是展開一場生與死的追逐，最後當然弱肉强食，我曾經憤而寫下一首「鷂鷹與雲雀」的詩，雖然沒有雪萊純粹寫雲雀的那一首好，那只是表示我對雲雀的情感和對鷂鷹的憎恨。）

據說八哥是一種會說話的鳥，頭上有一撮毛，像個黑絨球，牠常常落在豬背上，牛背上，牠的窠做在最高的樹上，很難捉到。因爲那些樹我們都爬不上去，只好望着那高高的樹杪嘆氣。我曾經看見不少大人養牠，關在精緻的竹籠裏，餵以牛肉、豆腐、清水，在我們幼小的眼光裏，牠是一種貴族鳥，小孩子養不起，但我沒有看見一隻八哥講話。也許那不是五月初五午時剪舌頭的吧？白頭翁倒很少人養，那時我們不懂愛情，大概那些大人也不懂愛情吧？所以讓牠在籠中做窩，自由自在地飛來飛去。牠們總是成雙成對。

啄木鳥在我們看來是個醜八怪，黑中泛綠的羽毛，小小的身子，短短的尾巴，卻帶着一個幾乎比身子還長的「鶴嘴鋤」，落在樹幹上就啄得樹木剝剝響，我常常用石子把牠趕開，我怕牠的尖嘴啄痛了樹，還以爲牠是一隻害鳥哩！

鴿子多半是野的，但也很容易養「家」，只要屋簷下吊兩個籠子，牠們就會飛來，慢慢地就升堂入屋，甚至在床底下生蛋，孵出小鴿子，和雞鴨爭食。公鴿子很愛鬪，尤其是爭寵奪愛的時候。看牠們打架很有意思，先是雙方嘴裏咕咕叫，鼓起頸毛，在地上兜圈子，往往兜上半天，才正式交手，但爭持不久，便見勝負，不像公雞那樣打得頭破血流，還要東奔西逐，一兩個鐘頭都不容易分出勝負。

另外一種不知名的小黑鳥，非常勇敢善戰，常常追逐烏鴉和麻鷹，而且總是兩隻在一起採用車輪戰術，牠們身子小，行動敏捷，一看見烏鴉便立刻追上去，俯衝攻擊，一來一往，配合得很好，烏鴉往往被追得心慌意亂，趕快找個地方落脚，坐好樁，負隅抵抗。但我只看見烏鴉逃跑，從來沒有看見烏鴉追這種鳥。牠不但打比牠大一倍以上的烏鴉，也打比牠們大好幾倍的麻鷹，如果麻鷹低飛的話。這種鳥不知道是 warbler 還是 blackbird？我連俗名也寫不出來。

和烏鴉相反，喜鵲是最受歡迎的鳥。牠沒有烏鴉大，體形瘦長，尾巴也長，常常翹起，牠很會做窠，一個喜鵲窠折下來往往有上擔乾枯的樹枝，牠是鳥類中的建築師，不幸的是牠的窠總是被別的鳥佔去。牠不好鬪，但我却看見過一隻喜鵲向玻璃窗撲啄，起先我莫名其妙，等牠飛走以後我走過去一看，看出了我自已的面貌，我才恍然大悟，原來牠是和自已的影子戰鬪。這比唐吉訶德和風車戰鬪不更可笑？然而人人歡喜牠們。如果清晨起來聽見牠在屋脊上叫，便會笑着說：

「今天有喜了！」

燕子和雁都是著名的候鳥。

什麼是春天？在臺灣沒有明確的徵候。在家鄉太容易分別，枯草轉綠，柳樹桑樹幾乎是在一夜之間便抽出嫩芽，此外便是天亮之前鳥聲喧鬧，於是形成了「江南草長，羣鶯亂飛」的景象。而燕子的悄悄飛到舊時堂前，樑上呢喃，尾剪春波，這更是春天的一大特色。

燕子的可愛，不僅在牠們那一身黑色的燕尾服，和在柳下，花間，水上翩翩而過的美妙舞姿，而在於牠能穿簾入戶，和我們相處得非常親切。牠們雖然不是男高音，但牠們的呢喃軟語，比人類的吳儂軟語還要好聽。當牠們雙雙對對地站在窠邊，面對面地呢喃時，比人類的切切私語似乎有意思得多，牠們實在是最會講情話的動物。仰着頭看着聽着也能分享牠們那份柔情蜜意，而且牠們又大方得很，一點也不怕我們偷聽。

燕子一走，雁就接着來了。牠們彷彿約好了似的，各佔半年時光。

燕子來的時候是草長鶯飛，桃紅李綠，楊花撲面，柳葉如眉；雁來的時候正是白居易在琵琶行裏所寫的「楓葉荻花秋瑟瑟」的景況。這時長江水淺，荻花翻白，陌上烏○紅似火，門前楊柳不垂絲，突然聽見幾聲嘹亮的「咯啊——咯啊——」，抬頭一望，雁陣橫空而過，又是一種感覺！

冬天的早晨，睡在熱被窩裏聽雁叫，也是一種享受。但我幾乎和雁起得一樣早，天亮以前，牠們就成羣地從屋頂上飛過，天亮時我已經站在外面，睜大眼睛看牠們從頭上列隊而過，有的是一字形，有的是人字形，每一隊最少有幾十個，多的在一百以上，是那麼整齊有序，我總想數淸牠們究竟有多少隻？但是從來沒有數淸過。牠們實在太多，一隊過完了又是一隊，一直要過到吃早飯的時候。

冬天是一個寒冷而多霧的季節，遇上漫天大霧的早晨，只能聽見雁羣在空中嘈雜的叫聲，牠們好像也被大霧困擾，我能淸楚地聽見牠們的翅膀鼓動空氣的沙沙聲，却看不見牠們的蹤影。我很想騰身一躍，伸手抓住幾隻，但我跳不了那麼高，牠們飛得最低也超過屋脊。我也希望牠們互相亂撞，撞下地來，讓我抓住幾隻，但我沒有這樣的幸運，牠們從來沒有「失事」。

每當我看見成千成萬的雁從我頭上飛過，或是看見沙灘上密密麻麻的一大片肥雁時，自然會想有一管土銃或是一桿雙筒獵槍，但是我們這個地方的人都是良民，除了菜刀之外，簡直不作興有任何「兇器」，我怎麼能擁有那種東西？因此我只能望着雁羣興嘆。

有幾次我遇到一大羣雁把頭藏在頸子裏，提起一隻脚在沙灘上休息，我曾經悄悄地走向牠們，想捉住幾隻。沙灘很柔軟，我的脚步無聲，可是當我快接近時，一隻雁「咯啊——」一聲，其餘的雁統統振翅而起，騰空飛去，飛了不遠又在前面的沙灘落了下來，我只能望着地上的雁毛出神，沒有一點辦法。

現在又是長江水淺，荻花翻白，陌上烏桕紅似火，門前楊柳不垂絲，鴻雁南飛的時候，但不知何時才能重溫舊夢？而近年來又偏偏惡夢連連。如果能讓我作一次快割鳥的夢，黃鶯的夢，雲雀的夢，雁陣橫空的夢，我也會含淚微笑了。

廬山之虎

臺灣的中央山脈不能說不高，但山上沒有虎豹。「山上無老虎，猴子稱霸王」，這正好是中央山脈的寫照。

廬山不但以風景聞名於世，虎豹亦多。在西人未開闢蘆林作爲避暑盛地以前，蘆林的老虎亦多，所謂「吼虎嶺」，顧名思義，卽知爲老虎出沒之所。蘆林成爲避暑盛地之後，老虎也只好讓洋人一步，遷地爲良了。

廬山的老虎似乎也以山南爲多，牠們棲息的地方不在山頂，也不在山麓，而是在山腰的僻靜之處，有叢草的地方。

在我未親身經歷過老虎的事實之前，就聽過不少談老虎的事，基於兒童的好奇心理，我也特別喜歡聽這類的事，比聽天方夜譚有趣得多。

我曾聽過一個同學說過，他家裏養了一條大而兇的狗，當這條狗正值壯年的時候，有一年冬天，一隻老虎下山獵食，以他的狗作爲吃的對象，這條狗不知道是吃了豹子膽還是老虎心？居然一點不怕，竟和老虎惡鬪起來，打得難解難分，後來經人一吆喝，老虎便跑上山去。狗是受了傷，但不久也就好了。第二年冬天，這條狗和老虎又有一次同樣的惡鬪，老虎也在同樣的情形之下跑上山去。第三年冬天，狗由於前兩次惡鬪受了重創，加之體力漸衰，終被老虎拖去吃了。

另外我聽到一個住在深山的老百姓說，有天晚上，他到厠所「出恭」，（山上的厠所都很簡陋，用茅草樹葉作頂，周圍也是用茅草樹枝隨便圍圍，另外留了一個敞口門，以便出進。）厠所就在路邊，他正蹲在兩塊舊的棺材板上，一隻老虎却慢慢地走過來，憑那對緩慢地移動的小燈籠，他斷定那是一頭大虎。這時他既不能逃，除了跳下糞坑之外也無處可躲。近山識虎性，山裏人也有山裏人的鎭定，他索性蹲在棺材板上屏息不動，靜靜地等待命運的裁判，那隻老虎居然目不邪視，像紳士般地一步步走了過去。他也檢回一條命。

有一次我們二十幾個同學，住在秀峯寺上面的一個廟裏，這個廟不大，却有一座五六尺高的圍牆，只有一個和尚。這個和尚大約四十多歲，不會唸經，是一個粗人，沒有事他就和我們談老虎。他說附近的老虎很多，這點我們相信，因爲路上有很多老虎糞，老虎糞不同於麂麅之類的糞，比狗糞大，但不成堆，糞裏有很多麅麂之類的獸毛，自然晚上也會聽見虎吼。

有一天他從星子縣城回來遲了，在山下人家借了一盞馬燈上山，行至中途，突然發現前面有兩隻手電般的眼睛瞪着他，他知道遇着了「山貓」，一邊是山坡，一邊是山谷，路又窄，眞是進退兩難。他雖然是個粗人，但情急也會智生，他把馬燈放在地上，人却悄悄地爬上山坡。

老虎兩眼注視着馬燈，沒有注意他的行動，他潛行到老虎攔路的上方，搬起一塊大石頭，朝着老虎腰部砸下去，老虎大吼一聲，負痛逃走。他再提着馬燈匆匆地跑回廟裏。

「嘿嘿！銅頭，鐵背，麻布腰！老虎被我砸痛了！」他得意笑着，口沫飛濺。

我們帶了一條四眼大黑狗，這條狗很兇，很會打架，被一位惡作劇的大同學取名「日本」，因爲抗戰前夕，我們非常痛恨日本人。但是我們很愛這條狗。我們無論去什麼地方，都把牠帶在身邊，而牠所過之處，別的狗都望風披靡，他一衝過去，別的狗就只有在地上打滾的份兒，要不是牠的前腿有點跛，那會更厲害，

那天晚上我們睡在這個廟的樓上，把牠放在圍牆裏面。也許是牠晚上的叫聲招來了老虎，第二天清早我起來時，發現牠死在韮菜地上，韮菜狼藉不堪，地上盡是盌口粗的老虎脚印和牠的斑斑點點脚印，牠嘴裏有老虎毛，事先顯然經過一番惡鬪。據那個和尚判斷，這隻老虎最少有三百多斤，因爲牠跳過五尺高的圍牆，咬死「日本」，再跳出去，都不是簡單的事，如果不是有人聲驚動，牠可能把狗拖出去。

這條狗死了我們都很傷心，同時也認識了廬山老虎的厲害，甚至那個粗俗的和尚講的打虎的故事我們也深信不疑了。

阿在馬、夢露與凱萊

三年前，爲了養鷄，防止小偷，向一位班長買了一條褐色的雜種狠狗。這條狗非常雄壯兇猛，我一看就很滿意，價錢也很便宜，只要三百元臺幣，那位班長對我說，這是一條日本狗，小時候從東京帶來的，所以牠有一個日本名字「阿在馬」。我問他這名字是什麼意思？他說他也不知道；我問他爲什麼願意賣？他說牠喜歡咬人。我聽說牠咬人，更加高興。狗不咬人那成什麼狗？而我不久之前又被小偷光顧過，偷了幾隻從左營帶來的肥鷄和一部脚踏車，假如當時有一隻這樣的兇狗，那就不會有那樣慘痛的損失，所以我一下就敲定了。

這隻狗的確很兇，除了那位班長之外，任何人不能近牠，經常戴着口罩。可是牠好像和我有點緣份，居然讓我走近牠，牽牠。那位班長很高興，我也高興。

自從養了這條狗之後，左鄰右舍都不大敢到我家裏來，就是想來，也必須先在籬笆外面伸過頭來輕輕地問：

「阿在馬鎖好了沒有？」

即或進來，講話也不敢大聲，因爲牠一聽見生人講話就會往房子裏撲，那樣子兇得駭人。

鄰家晒衣服的竹棍，搭在我的籬笆上，牠也會跳起來，跳得和籬笆差不多高，那種狂跳的樣子，駭得隔壁的阿巴桑戰戰兢兢，不敢走近籬笆，因爲牠的兩隻前脚搭在籬笆上和她一般高，又張着大嘴對她鳴鳴叫，聲音沉重得像悶雷。

假如我是一個朱門素封之家，這隻狗眞買對了！如果我有閒情帶牠打獵，牠也是一隻好獵狗。可是我是買牠「看鷄」，但牠却歡喜「咬鷄」，一不小心，牠就把鷄咬死了，這使我非常生氣，怎樣敎牠，警告牠，也改變不了牠的狠性，因此牠吃了不少苦頭。

當牠每次挨打之後，那種伏在地上的屈辱樣子看來實在値得同情，事後我心裏也很懊悔。可是牠就有這麼一個好處，只要我對他親熱一點，牠就更加親熱地跳到我身上來，牠人立起來時兩隻前脚幾乎可以搭到我的肩上。每天深夜我下班回來，老遠就聽見牠雄渾的叫聲，我在前面叫門，牠就在後面呼應，表示熱烈歡迎，我一走近牠牠就跳起來把前脚搭在我的身上，弄得我衣服上一個個大脚印，彷彿開滿了朵朵梅花。

因爲怕牠咬人，所以經常用粗鐵鍊把牠鎖着，用口罩戴着，可是不到一年功夫，口罩換了三個，鐵鍊換了兩根，最後那根粗鐵鍊幾乎寸寸斷，因爲牠一看見生人來了就拼命地撲跳狂叫，因此口罩容易壞，鐵鍊也容易斷。

有一次我叫了一個竹工來請他估價蓋竹棚，那個竹工正在精打細算時，牠掙脫了鐵鍊，撲到那個竹工身上，那個竹工手上的曲尺摔掉了，臉上也駭得色如死灰，幸好口罩未壞，不然牠眞會一口咬斷那工人的喉管。

那年冬天牠病了，我帶牠到中山北路一家獸醫院去看病，那位醫生不敢動手，我把牠抱住，他才膽怯地打了兩針，他搖搖頭說他沒有看見過這麼兇的狗。

因爲路太遠，診一次要幾十塊，醫生又怕牠，我便請醫生開了藥，在家裏自己替牠打針，但是那種藥始終無效，我不懂這一套，只好看着牠一天天瘦下去，結果自然是死。

在牠衰弱得走路都歪歪倒倒時，見了生人還是要撲，甚至臨死時我請一個士兵幫我把牠抬走，牠都咧着嘴猖叫了幾聲才慢慢斷氣。

牠死後好多天，鄰居還不敢到我家裏來，仍然站在竹籬笆外面輕輕地問：

「阿在馬在不在？」

因爲他們並不知道牠已經死了。

眞是死諸葛駭走活司馬懿，虎死不倒威。阿在馬是眞正的英雄！他有那份特有的英雄氣質。可惜我不夠資格養牠，大才小用，要牠看鷄，使牠受了許多不必要的委屈。我生平不做虧心事，只有對阿在馬我覺得深深有愧，因爲我不能給牠應得的待遇，又因爲牠咬鷄而常常打牠。但牠對我始終如一，臨死時對生人還猖叫幾聲。因此我常常會想起牠。假如我有深深的庭院，朱紅大門，白天讓牠住在狗屋裏，飼以牛肉飯，晚上把口罩解開，讓牠自由活動，或是帶牠上山打打獵，讓牠滿山遍野奔跑，牠一定不會那麼早死，因爲牠不過三歲。

牠死後三個月，一位在海軍服務的同鄉，送給我一個漂亮的獅子狗，一身黃白相間的長毛，黃的金黃，白的雪白，尾巴捲起像一大朵浪花。牠的名字叫「夢露」。

可是牠不是一隻母狗，是一隻公狗。大概是單身漢渴望異性的關係，所以才取了這個名字。

我討厭這個名字，但是我歡喜這隻狗。

論體格，牠還沒有「阿在馬」的三分之一大，樣子也不嚇人。可是牠很聰明，而且是十足的雄性。

牠受過訓練，會伸出前脚和人握手，也會兩隻前脚併攏，站起來向人「拜拜」，尤其是當他想東西吃時，拜得更快。眞是人見人愛，附近的孩子們總是圍着牠叫：

「夢露拜拜，夢露拜拜！」

可是不給牠吃東西牠就不肯拜。

牛肉販子常用牛肉筋逗引牠拜，牠吃過之後便不再拜，牛肉販子氣得罵牠：

「我打死你！」

牠便捲着尾巴一跳一蹦地跑開，活像一個頑皮的孩子。

雖然牠不咬人，可是生人來了牠也會叫。

別以爲他個子小，可是再大的狗牠也不怕。牠愛打架，不但別人的狗到我家裏牠會撲上去咬，牠被帶到別人家裏去「作客」，照樣和主人的大狗打架，牠一點也不怯場，彷彿一個跑慣了江湖的水手。

牠和比牠大一兩倍的大狗打架自然會吃虧，可是打倒了會再爬起來，繼續撲上去，直到對方服輸，牠從來沒有夾起尾巴逃跑過。因此附近的狗不論大小，見了牠就退讓。牠的尾巴總是捲得那麼高，頭總是抬起來。有時我看見牠欺侮別的狗心裏都不免有點好笑，可是牠氣宇軒昂的樣子就先聲奪人。

牠不像「阿在馬」那樣，打了牠還是想和我親近。牠不能打，輕輕地打牠都會反抗，罵了牠牠都會不高興，叫牠握手牠不肯握，叫牠拜拜牠甚至調頭走開。牠像個花脚貓，歡喜到處跑，越是叫牠囘來，牠跑得越遠，如果不在外面玩够，牠決不囘家，尤其是從後門口經過時，不叫牠牠還停下來向房子裏望望，叫牠牠馬上頭一低，屁股一翹，立刻蹦蹦跳跳地跑開，甚至幾天不囘來。但牠不論跑多遠，都不會迷路。初來的那天，牠因爲尋找主人跑掉了，怎樣找也找不到牠，可是第二天清早牠就坐在籬笆門外面等我們開門。

有時覺得牠實在太野，便用小鍊子把牠鎖住，可是牠總不安份，尤其是夜晚，牠不停地嘿嘿叫，使人無法睡覺，只好放開，一放開牠便從籬笆縫裏鑽出去，玩到第二天才回來。

去年陰曆年邊，牠拖着一截鍊子跑了出去，原先還以爲牠會回來，但是一天兩天過去了，牠沒有回來，一個兩個星期過去了，仍然沒有回來，我這才敢確定牠是被別人抓去了。牠的命運可能很壞，十之八九是作了「香肉」，不然牠一定會跑回來，即使不跑回來，也可能碰見牠，而直到現在我連牠的影子也沒有看見。如果把這種狗作「香肉」來賣，眞有「煮鶴焚琴」之感。

去年我寫給維也納納富出版社的那篇「動物小說」「小黃」，就是以牠作主角。如果牠的命運不像我想像的那麼壞，而是別人抓去收養，即使不還我，寫封信告訴我也是好的。

「夢露」走失後，我有一段時間沒有狗。後來有一位鄰居裔遷，便把他們的「凱萊」送給我。「凱萊」這個名字很容易使人想起與「夢露」完全相反的那位女人。當我第一次看「[redacted]」時，觀感便爲之一新，覺得好萊塢除了賣肉之外，也選了一個眞正富有女性美的女人。

但是我們這個「凱萊」和「夢露」一樣，都是公的，不過「凱萊」是個「太監」，被他原來的主人閹過。

「凱萊」比「夢露」還小。「夢露」是一隻漂亮的狗，「凱萊」如果和「夢露」相比，那就是一隻「醜八怪」了。

「凱萊」的毛色和麂子一樣，而且也特別短，前面又生成一對外八字脚，很矮，兩耳却又尖又大，彷彿兎耳。

以前牠很怕「夢露」，我也不喜歡牠，牠一看見我和「夢露」就跑，跑到屋子裏便對「夢露」窮叫。

我們把牠收養過來之後，起初牠對我不敢親近，後來看我對牠很友善，才親近起來，現在對我表現得最親熱。我每次從外面回來，牠總搖着尾巴歡迎，牠那瘦長的尾巴由於搖擺得太厲害，打在椅子上，門上，發出咚咚的響聲，牠不怕痛，還是不停地搖，直到我進門以後很久很久牠才停住，用舌頭在我身上舐。

「凱萊」比一般狗也聰明些，牠最愛叫，看見人叫，看見狗也叫，但牠膽子小，不敢咬人，也許是由於閹過的關係，牠的性情文靜得很，從來不到外面亂跑，成天守在屋子裏，而且多半跳到藤椅上睡覺，和我那隻懶黃貓睡在一塊，有點像兩兄弟。

「阿在馬」死了，「夢露」走掉了，現在只剩下「凱萊」。牠沒有「阿在馬」的英雄氣概，也不如「夢露」那個漂亮王子。我一見牠這不男不女的醜八怪，再想起那位賭國王妃，便不禁啞然失笑。

但我還是喜歡牠，尤其是百無聊賴地從外面回來的時候，牠有塡補我精神上的眞空的作用。

被虐待的狗

我家成了貓狗的收容所。前兩年，對面鄰居乘喬遷二十公尺之「遠」，藉故摔下了三隻貓、一隻狗。名義上是贈送，實際上是減少麻煩，減輕負擔。我們是「蝨多不癢，債多不愁」，這份好意我們領了。

另外隔壁還有一隻狗，不是餵大的，是餓大的。主人從小就敲敲打打，只見牠嘴裏汪汪叫，胯下直流尿，怪可憐的，常常鑽過籬笆到我們這裏來避難。可是牠還是非常戀主，丟了又跑回來。丟既丟不掉，主人又不願養牠，因此更常常挨打。一隻年輕的狗，餓得瘦骨嶙峋，毛色沒有一點光彩，經常可憐巴巴的來吃我們那隻「小太監」的剩餘，這點剩餘可能就是牠的延命之物。

大熱天，牠天天躲在我們竹棚邊的一個看不見的角落裏睡覺，不敢回家，看那懨懨不振的樣子，我以爲牠在生病，便正式拿點東西給牠吃，牠就更不想走了，我也索性把牠收留下來。餵了幾天以後，精神好多了，我這才發覺牠是一隻好狗。

以往牠在主人的棍棒之下，見了我也是畏畏縮縮，想親近又有點怕，只在離我兩三尺遠的地方打滾，或是搖頭擺尾兜圈子，盡力向我討好，而胯下還不時流尿。

牠並不是一隻漂亮的狗，黃不黃，白不白的短毛，身體瘦得像根竹筒子，四條腿像四根細棍子，尾巴更是個細長條，牠給我的整個印象是「細長」。但是我也有個看法，假如牠從小得到適當的營養，長得一定很高大，因爲牠身體長，腿子高。雖然看來像個土狗，但多少有點洋血統。

吃了幾天飽飯之後，牠的優點果然發揮出來，除了親主人這一特性之外，牠實在非常聰明，我教牠「握手」，一教就會，比教小孩子動作還容易。

由於聰明，所以機警靈活，門口稍有響動，牠便衝過去，跑得很快，而且勇敢。人在外面，牠便人立起來，雙脚搭在竹門上，大聲吼叫，人一進來，牠馬上雙脚搭在人的胸口，嚇唬人，但並不眞咬，這樣一來，那人自然駭得連連倒退。有一個傳教的女人，常常到我家來拉聽衆，這是一個我不歡迎的人物，但她還是照來，不走前門，便走後門，實在使我心煩，但我沒有辦法。想不到這隻狗却輕而易擧地解決了我的困擾！一天她從後門進來，被牠這麼雙脚一撲，嚇得她只叫「狗呀！媽呀！」，那副窘態，令人忍不住笑，雖然我卽時替她解了圍，她也絲毫沒有損傷，但是她再也不來了。從此我耳根清靜，耳不聽，自然肚也不煩。土狗不論咬人或吠叫，一般都不會人立起來，牠無論是和我們玩，或是防衞進攻，都習慣地像人一樣站立起來，這可證明牠是得自訓練有素的洋媽媽或洋爸爸的傳統。對人牠不畏縮，對狗尤其勇敢，比牠大的狗牠照樣敢打鬬，完全不像我們那個「小太監」，只會窮叫，人家一逼近牠就夾着尾巴後退或逃跑。

現在這隻被虐待遺棄的狗漸漸被我們養肥了，毛色也有了光澤，成天在院子裹跳跳蹦蹦，見了我也不再流尿，說聲「握手」，牠就會把前脚抬起來。

有一天牠的原主人在馬路邊看見牠，向牠表示好感，溫和地叫，牠兩眼膽怯而艾怨地望着他，歪着身子往家裹走，不再領他這份盛情了。

狗通人性，並不純粹是畜牲。

貓

法國詩人作家常常把猫來隱射女人。他們的詩，散文，小說裡面常常有猫出現。我們中國人似乎對狗偏愛一些，那是由於狗的忠義。

我有一位朋友却特別喜歡猫。他們兩夫婦都是可人，房間裡一塵不染，熱帶魚、蝴蝶蘭、紙上的紅竹，使房間顯得更加優雅、寧靜，一走進去如入蘭之室，加上他們兩人的書卷氣，我常說他們是神仙眷屬。除了他們兩位之外，能走動的東西就是猫，牠們從紗門的小圓洞裡鑽出鑽進，一灰一黑，頗爲可愛。

我也養了猫，起初是隻龐的，龐猫是隻不好看的猫，但是爲了捕鼠，就不計較牠的毛色。牠長大以後，果然逼鼠。以往半夜裡在甘蔗板的天花板上賽跑的老鼠們，自然銷聲匿跡了，而且牠三天兩天還要逮住一隻老鼠打打牙祭。這是一隻多子多孫的母猫，一胎產三四隻小猫。牠的子孫們也沒有一隻漂亮的，但都很會捕鼠。最後牠是鑽進人家的菜櫥裡生產時被卡死了。

當牠正是「荳蔻年華」時，有一隻走來的小黃猫，餓得妙妙叫，可憐兮兮，我們把牠收容下來，養得肥肥壯壯，這是一隻公猫，樣子倒不難看，但是懦而懶得出奇。牠吃飽了就睡，四腳挺得筆直，我常常以爲牠死在那裡，走到牠身邊牠也懶得動一下，用脚撥撥牠，牠才伸一下懶腰。此外牠最愛伏在椅子上閉着眼睛打盹，老鼠在牠面前跳來跳去，牠也不睜一下眼睛。那份要死不活的懶相，看了實在氣人。

那隻龐母猫「叫春」時自然會惹來不少公猫。別以爲牠長得又肥又壯，却被別的公猫咬得不敢回家，往往在外面流浪一月半月之久，回來時又瘦又髒，一副可憐相。平時也常常被別的公猫像追賊一樣追得東躲西藏，最後終於永遠失踪了。

除了上面這兩隻猫以外；鄰居搬家時又留下了娘娘囝囝四隻龐猫，結果統統跑到我家來。起初還像作客，隨後就大模大樣住留下來，所以全盛時期我家一共養了六隻猫。

我原來那兩隻猫一隻死了，一隻走了。這四隻猫後來又走了三隻，只留下一隻老猫。這隻老猫在葛樂禮颱風發生前兩天又生了三隻小猫，這三隻小猫養得會走會跑時，娘娘囝囝又一道跑掉，起初老猫還三兩天回來吃一頓，終於鴻飛冥冥，芳踪渺渺了。

猫，無論你待牠怎麼好，牠對你怎麼溫柔，一變了心就走，連招呼也不打一聲，決不像狗那樣念舊。

現在我又養了一隻走來的小黃猫，是隻母的，樣子蠻漂亮，長得很快，活潑可愛，愛在脚邊轉來轉去，妙妙地叫，嬌柔得像春天的愛伸懶腰的女人。但是誰知道牠會什麼時候跑掉呢？

火雞

火雞在臺灣是一種很普通的家禽。一般農家少則養三五隻，多則養上一二十隻，成羣結隊，與一般雞鴨爲伍，不算名貴。

可是在大陸上火雞却極其稀罕，江南不算太冷，一般農家縱使雞鴨鵝成羣，但不見一隻火雞。我第一次見到火雞，是在九江城裏一家洋行裏，像看「西洋鏡」一般，不但我年幼識淺，不知道牠是什麼東西？大人們也叫不出名子。

大陸上之所以不養火雞，不知道是由於這種雞種蛋缺乏，還是氣候的關係？火雞不能耐寒倒是事實。臺灣南部的天氣，卽使在冬天也不算冷，我在南部就從來沒有穿過大衣，然而我鄰居一隻棲在架上過夜的大火雞，却在一夜之間凍死了，而普通雞鴨却安然無恙。

幼火雞還有一個弱點，就是抵抗蚊虫的能力比普通雞更差，蚊虫一叮，就滿頭滿臉生痘，甚至瞎眼封喉而死。上了三斤以後，才可以逃過蚊虫這一關。如不小心照顧，成羣的小火雞可能一個也留不下來。有一年我買了十幾隻小火雞飼養，晚上用蚊帳罩着，服侍得像老祖宗似的，結果還是被蚊虫叮了，隻隻生瘡，腫得像花菜。那時鷄藥還不普遍，事先我也不懂得種痘，事後把痘剪掉，用紅藥水塗抹，只救活三隻，其餘的統統死翹翹了。

火鷄不像來亨鷄嬌生慣養，但幼雛時期，也是「嬌客」，飼料也很考究，一般以豆腐、葱葉、米糠、飯，混合拌餵，小火鷄特別喜歡葱葉和豆腐，如供應充足，長得也快。這種飼料應維持一個月以上，愈久愈好。如以養來亨鷄的混合飼料代替米糠和飯，效果自然更好。

火鷄上了三斤以後，不但抵抗力强了，更可以粗飼，青草、菜根、菜葉、米糠、殘飯，都是理想的食物。火鷄對於青飼料特別喜愛，尤其是葱葉，嗜之如命。公火鷄上了五斤以後，如果飼料充足，一天一夜可以長一二兩肉，我曾經作過這種測驗，其生長之速，家禽中無出其右。母火鷄差得太遠，不但生長較慢，普通長到五六斤就不會再長了，公火鷄與母火鷄的體重往往相差一倍。

公火鷄的「架勢」很好看，愛將兩翅和尾羽同時張開，頭上的冠也會垂下兩三寸長，而且會變換顏色，普通呈淡藍色，有時會變成白色和紅色。走起路來很像平劇裡銅錘花面的臺步，那副嗓門兒也無多讓，不時發出一連串的咕咕咯咯的叫聲；如果碰上十隻八隻公火鷄湊在一塊，那眞比十個八個女人聚在一塊還熱鬧，聲音自然雄壯多了。因此公火鷄同公鵝一樣，有示警的作用。

雄性的動物都愛打鬪，公火鷄也不例外。如果是素不相識的兩雄相遇，必有一場決鬪。

牠們打架的方法和普通雄鷄大同小異，牠們的武器是嘴、爪、和翅膀。普通雄鷄的翅膀只用作飛躍，公火鷄的翅膀大而強勁，所以除了飛躍之外也用來撲打，當然用得最多的是嘴和爪。由於翅大腿長，牠飛躍起來可達三四尺高，幾經飛撲之後，便短兵相接，嘴咬嘴互相推擠，這完全是莽漢角力，體大腿高佔便宜。火鷄的冠在打架時一定垂下來，因此也常常被對方啄住，或是互相啄住，這樣便不再推擠，而儘量把對方的頭部壓低，咬著不放。不過牠們的冠不像普通鷄冠皮薄血多，也不會像普通雄鷄那麼嘴一啄雙脚一蹬，所以少有血流滿面的現象。牠們全部打鬪的過程也可能延長到一小時以上，但變化不多，多以力勝，少以智取。普通的雄鷄相鬪，則非全憑力氣，智慧和鬪志往往是決勝的重要因素，所以有閃、躲、逃避，以及突然反身一擊的「精彩之作」，纏鬪時間也比火鷄長久。公火鷄一打敗就像鴕鳥一般逃走，一方逃走戰鬪隨卽結束，不像普通公鷄反覆追逐，逃走也是一種戰術。母火鷄性情純善，不好鬪。

火鷄是一種合羣的家禽，羣起羣棲，很少單獨遊蕩。公火鷄永遠作英雄狀，給母火鷄一種充分的安全感。

臺灣土鷄都不會產卵。母火鷄每次最多也只生十三四個蛋，少則八九個，產後就巢，能孵小火鷄，孵卵時間較普通鷄多一星期。

火鷄肉多，味道很好，尤其是公火鷄食囊周圍脂肪特多，將外層皮肉紅燒，肥嫩之至，味在紅燒猪肚腸之上。

我們中國人不習慣於吃火鷄，外省人終生未嚐此味的更不在少數。西洋人却把火鷄當作珍品，尤其是聖誕節，不可無此君。猶憶報載艾森豪在總統任內，回農莊過聖誕節，殺了一隻三十二磅重的火鷄，這眞是火鷄中的巨無霸，簡直像一隻小鴕鳥了。臺灣的火鷄沒有這麼大，公火鷄大的也只十三四斤。這樣大品種的美國火鷄倒是值得引進的。

從土雞談起

我養過三四年洋雞，包括來亨、洛島紅、蘆花、紐咸西，以及自己以洛島紅蘆花來亨雜交的雜種雞。另外以長年生蛋記錄最高的來亨母雞（一年生三百一二十個蛋，百中選一。）和來亨公雞交配，培育的蛋雞。在那三四年中，睡不安枕，飼料自己拌，生病自己打針，甚至自製孵卵器，自孵小雞。資本雖小，但已盡養雞的能事。在養洋雞上所耗的心血，足夠寫三四百萬字。任何人如果有我服侍洋雞的精神服侍父母，那都是個大孝子。但我還是失敗了。比我更小心的一位好友，也失敗了。這原因在什麼地方？正如今天的鳥風。雞是外國種，飼料也是外國貨，而雞和蛋不能行銷國際市場，臺灣又大魚吃小魚，自然一鍋爛。而且來亨雞生蛋率能保持七成的都少，最糟的只有三四成，最好的八九成，但百不得一。再加上飼料的上漲，醫藥的消耗，養來亨簡直無利可圖，白忙一頓。肉雞不如土雞受歡迎，價格亦低，但肉雞照樣吃飼料，花醫藥費，所得亦不過蠅頭微利。如以所花的資本精力相比，連人工都是白貼。所以臺灣的養雞事業也像一陣風過去了。

年初我在菜場買了幾隻斤把重的鷄，以剩飯剩菜餵養，沒想到其中有一隻母的是黑土鷄，因爲牠很像洛島紅蘆花雜交的母鷄，也長到四斤左右，生蛋以後才知道牠是土鷄，因爲賴窩。臺灣的土鷄不如內地的土鷄會生蛋、一般體格也比較小。內地的大土鷄比洛島紅，紐咸西，蘆花還大。我家曾有一隻黃鷄，站在地上伸頭可以吃三尺多高的桌上的飯菜。普通母鷄一次也要生三四十個蛋才賴窩。

我買的這隻土鷄已經生了四次蛋，每次一連生二十一個。不讓牠賴窩，一星期準醒孵，兩星期準再生蛋，照這樣計算，平均可達六成蛋，而且不用飼料，不論天晴下雨都在地上跑，雨打成落湯鷄也不生病，健康得很，還不換毛。洋鷄當年換毛，白吃兩三個月飼料。如果我們的養鷄家懂得選擇土鷄，培育土鷄，比養洋鷄合算，尤其是以養鷄作副業的農家。

美國洛島紅就是我們的九斤黃傳過去培養起來的。正如我們的圍棋傳到日本，現在成爲日本的Go，我們反而要去留學，實在是一件臉紅的事！

近百年來的洋迷信，使我們這兩三代的中國人，視自己的國粹如糞土，甚至數典忘祖。現在的青年十之八九鄙視平劇，但有幾位知道圍棋原是我們的技藝？洛島紅的祖先是我們的九斤黃？照這樣下去，將來我們總有一天要到外國去留學平劇，要向日本人韓國人學做漢詩。李承晚的律詩絕句，我們這一代的新詩人有幾位寫得出來？

從這隻土鷄來看，我們似乎應該多做點「就地取材」的工作。如果我們的觀念能够及時轉變，恢復民族自尊心，發揮自已的優點，無論在那一方面，我們都會有所作爲。如果一味月亮外國的圓，那永遠是三等以下的角色，上不了臺盤。

金魚

每次在北門搭車，總要經過鳥園水族館。那是一家專門賣小鳥熱帶魚的小店，在等車的空檔，我常常進去看看魚鳥。鳥兒在籠裏跳上跳下，不時耍幾句花腔；魚兒在玻璃箱裏游來游去，悠然自得。牠們雖然和我們一樣擠在一個小天地裏，看來好像比萬物之靈的人快樂。

小時爲了想捉一隻剪了舌頭會說話的八哥兒，不知道費了多少心思？每年端午節那天都望着老楊樹出神。因爲八哥兒的窠是做在高大的楊樹頂上，而且在樹的空洞裏。又粗又高的老楊樹，實在不敢冒着性命的危險爬上去，又不能把老楊樹砍倒，「殺雞取卵」，眞是褲腰帶兒打了死結，急壞人。所以終我的童年，都沒有捉到一隻八哥兒。另外有一種也會說話，而且非常漂亮，叫起來特別好聽的黃鶯，更是我想要捉的，也一直沒有捉到手。鳥園的鳥都是鶯類，比黃鶯却小好多倍。這類的鳥兒都會叫，牠們的身價也是以叫的聲音來決定的。有一種小不點兒的小黃鳥，其貌不揚，叫起來却千廻百囀，要七八百塊錢一對，最普通的也要幾十塊錢一對。我很想有那麼一對千廻百囀的小黃鳥，掛在我的窗口，但是那種貴族小姐，和我幾十塊錢一千字的身分太不相配，雖有「藏嬌」之心，却無「金屋」，只好死了這條心。

熱帶魚都是花花公子，我既外行，興趣也不高，連價錢也懶得打聽。

本來我案頭有兩小盆塑膠花，一株紅玫瑰，一株白梅花，我覺得已經「雅」了不少。有位老友却說塑膠花缺少生機，恐怕影響我的心理，要我弄點有生氣的東西。我因爲面對青山，房屋周圍不乏雜花野草，又有豆棚瓜架，生氣勃勃，所以並不在意。直到最近才化了十五塊錢買了一隻金魚缸，四塊錢買了兩條金紅色一寸多長的金魚，三塊錢買了一包味寶，一共僅二十二元。每月大概有十元八元的飼料費足够，相當「低級」。

我生在水鄉，自然歡喜淡水魚，尤其是漂亮嬌捷的鯉魚。金魚和鯉魚又有點兒相似，既可欣賞，又可慰鄉思，眞是一擧兩得。

金魚是最賤的欣賞魚類，不必調節溫度，沒有什麼麻煩。自從把牠們擺上我的案頭，每天晚上我換一次自來水，餵三兩次味寶，牠們就長得很好，我在缸裏放一株蘭花，水面放幾根青草，牠們似乎生活在大自然裏。喋唼有聲，悠游自得，金鱗閃閃，小小的身軀，往往幻成很大，彷彿一個魔術師，在我面前戲耍。

以往我對金魚只是浮光掠影，沒有深入觀察。養了幾天以後，就有「新發現」。牠除了一對突出的大眼睛之外，尾巴最特別，鯉魚尾巴是上下兩片，金魚的尾巴等於兩條鯉魚的尾巴複合在一塊，不過下面兩片向下向外張開，上面兩片不仔細注意會以爲是一片，其實是完全分離的。此外金魚還是個大肚羅漢，身子又沒有鯉魚那麼長。金魚的糞像一條腸子一樣，拖得比身體還長，起初我以爲是腸子拖出來，冤枉擔了一陣心，後來才發現這個「怪事」。

金魚最漂亮的是鱗，金紅的鱗在清水裏閃閃發亮，引人深思遐想，所以我不喜歡黑色的金魚。

金魚不像鯉魚那樣矯若游龍，牠頭大，尾大，身短，游起來總是那麼緩慢從容，多半是嘴巴浮在水面喋唼，尾鰭微微擺動——像四片金紅的輕綢在春風中微微飄動。

星期天清茶一杯，把收音機扭開小一點兒，聽聽青衣的「祭江」，「生死恨」，「鎖麟囊」……看看金魚的喋唼，寫一兩千字的短文，是最好的消遣休息。此種境界，頗有「天人合一」之趣，雖南面王不易也。

楊柳、桑葚

桑樹楊柳在長江一帶是最普通的植物，尤其是水鄉，這是兩樣最主要的植物。垂柳較小，楊樹却是落葉喬木，高可數丈，幹粗一人難以合圍。在臺灣垂柳偶爾可見，但瘦得可憐，孤苦伶仃，不像大陸上長堤垂柳，嫩綠婆娑。楊柳在臺灣尚未見過。在故鄉，此時正是楊花拂面，春意最濃。「吹面不寒楊柳風」，「點點楊花入硯池」，確是寫實之作。

楊柳最賤，生命力極强，隨便砍下一枝，插在土裏，即可繁榮滋長，三五年間，楊樹即高過屋脊，垂柳亦搖曳生姿。春天在那裏？春天就在柳梢頭。

桑樹也是落葉喬木，但沒有楊樹生長得快。桑樹質堅，犂耙桌椅之類的器具都取之於桑樹，木材價值甚高。桑葉是蠶的飼料。我國向以絲茶馳名世界，桑葉的價值可想而知。除了木材和葉子之外，桑樹還有一種副產品，那就是桑葚。桑葚大小如棗，因此故鄉稱爲「桑棗」。

「桑棗」味甜汁多，是一種非常可口的水果。可是家鄉不把它當作水果，任其自生自落，小孩子和孕婦嗜之如命，男人却不屑一顧。因爲桑棗汁濃，染在手上嘴上如紫墨水，不容易洗掉。

一棵桑樹所結的桑椹眞是成千累萬，比任何果樹所結的果實都多，可是家鄉不知利用，任其搖落。一棵大樹的桑椹如果製成果醬，足够一家人一年吃用，在故鄉每一家最少有三五棵大桑樹，既不養蠶，又不製醬，中國人眞是捧着金飯碗討飯！土地的浪費更不必談。

桑椹從開始結果到成熟有三個過程，最初是綠色，如初生的葡萄；成形以後逐漸變紅；最後變成紫黑色，落口消，甜而無籽。

桑椹紅的時候，也可以觀賞，綠葉紅果，萬綠叢中萬點紅，誰說不好看？

報載南投有個農民陳水木，八年前向一個朋友要了桑苗，這種桑苗是他的朋友從雲南帶來的，現在他植了桑苗二萬多株，四五年每株即可結果六十幾公斤。我們家鄉是長江冲積層，最肥沃的沙土，任何植物一栽下去都比別的黏土地長得快，桑樹也得十年八年才能長到三四丈高，四五年能否結果六十公斤沒有統計過，十年以後那就決不止此數。桑樹的確是一種値得推廣的植物，可惜臺灣土地太少。大陸土地多，而我們那些學農的人却拼命往官場擠，一個農業職業學校的學生畢業出來就與農村脫離，也要削尖頭皮謀個科員書記。「萬般皆下品，惟有做官高」，中國怎麼不窮？大陸怎麼不丟？

楊柳的用途不如桑樹大，楊樹還可以作柴燒，柳樹只能觀賞。桑樹有益民生，孟子也提倡「五畝之宅，樹之以桑」，所以今天在臺灣推廣桑樹不算標新立異。要發展觀光事業，柳樹也是値得考慮的一種植物，這兩種植物在大陸普遍得很，在臺灣却甚稀罕。物以稀為貴，我們從大陸來的人也可以慰情聊勝於無了。

瓜果雜談

中副有兩篇談碭山梨的文章，雖然對梨的大小說法不一，但對碭山梨的美味却一致稱讚。

三十五年秋，堂兄萬釗在魯南作戰負傷，一晝夜後始被擔架兵發現，救離戰場，送到徐州軍醫院治療。當時我在南京軍聞社總社工作，獲訊後連夜趕到徐州探視，下車後觸目的盡是碭山梨。當時因為心中有事，加之梨子並不中看，小販送到手中也調頭而去。看過堂兄之後，知道他是脛骨受傷，雖有跛足之虞，但無生命危險，寬心不少。因此才有心情嘗試碭山梨。

碭山梨一個可能不到一斤，但大的半斤是足有的，而且是老秤，最普通的也在一拳以上。表皮黃不黃、青不青，帶點斑點，樣子也不太整齊，毫不搶眼，何況徐州賣梨賣大餅的小販，又十分土氣。可是一吃進嘴裏眞是落口消，水份多，糖份也夠，還有點清香，眞是人不可以貌相，碭山梨也不可以只看外表。在徐州兩天，我是吃梨比吃飯多，回南京時還帶了一大簍。到現在為止，碭山梨是我見過的最大的梨。

碭山梨是北地的水果，在南方也有好梨。一是徽州梨，一是上饒梨。而且這兩種梨，無論形狀、大小、顏色、味道，都極相似，幾難區別。

二十九年秋天，我從胡適先生的家鄉績溪，調到本省的景德鎮去工作，路過徽州，在川軍唐式遵將軍總部幾個朋友處勾留了一天，沿途我看見不少梨樹上用白紙袋套着的梨子，朋友也以徽州梨饗我。這種梨子表皮是月白色，微黃，像白娘子臉上生了幾點細嫩的雀斑，益增其俏，人見人愛，形狀大小都差不多，蒂部較小頂端較大，近似鐘形，每斤大概三四個，皮薄，彈指可破，也是落口消，味道決不在碭山梨之下，甚且過之，眞如江南女兒，秀外慧中。

來臺灣以後，不知梨味，偶於酒席甜菜中嚐過一次，完全不是味兒，且有渣滓。近年街頭雖有梨賣，但看那種厚皮粗點，好像大陸的土梨，擠不出多少水份，別說比不上徽州上饒梨那份長相，連碭山梨也趕不上，因爲碭山梨雖然無「賣相」，但看上去也是水汪汪的。臺灣街頭的梨都有點木頭木腦，引不起興趣。據說舶來品也趕不上大陸的梨。

臺灣的西瓜算是很不錯了，但屏東瓜趕不上敝省的撫州瓜。王荆公的家鄉不但以產米著稱，西瓜也是水果中的上品，二三十斤重一個，黃色沙瓤，水份多，極甜，土生土長，種瓜的人根本不懂得打糖精，貨眞、價實、道地。

離臨川不遠的南豐，曾鞏的家鄉，更有一種天下無雙的特產——南豐橘。這種橘子沒有員林橘子那麼好看，甚至也沒有陽明山的橘子大，最大的也不過乒乓球大小；皮薄，無籽，水份多而又甜如蜜，一口一個，一口氣吃上一兩斤，還捨不得放手。別說陽明山和員林的橘子不能相比，道地花旗橘子也差得太遠，如和南豐橘子相較，那簡直淡而無味。南豐橘子從前是貢品，一般人吃不到，加上南豐地點偏僻，種橘子的人更不懂得做廣告，所以知道的人並不多。抗戰時南豐也成爲東南公路的交通孔道，外省人才得一飽口福。這種橘子太好，也太稀罕，南豐一縣也只有縣城西南附廓方圓幾里地才出產，樹高不過五六尺，和陽明山的橘樹差不多高矮。但是這種橘子如在臺灣，一百塊錢一斤也會有人搶購。

臨川縣金谿的金橘也是上好的。

臺灣的水果出產雖然豐富，但是種類太少。麻豆文旦是很有名的，但贛南南康的柚子也不在麻豆文旦之下。

大陸的水果好的實在太多，簡直不勝枚擧。我隨便擧出江西上饒的梨子，臨川的西瓜，南豐的橘子，金谿的金橘，南康的柚子，就無一不是雋品。

花中之花

臺灣花多，四季繁花似錦，令人目不暇接，眼花撩亂。近年來園藝發達，生活在此一亞熱帶，儼如生活在花國之中。雖值冬令，仍然姹紫嫣紅，這也是過去在大陸家鄉時所夢想不到的。

臺灣不但花多，而且好花甚多，其中身份最高的首推蘭花，有高至一兩百萬臺幣一盆的；在我這個俗人看來，價值雖高，但沒有什麼好看，爲了那麼幾片葉子付出那麼高的代價，和那麼多的精神，似乎有點玩物喪志，倒不如養幾盆所費不多，又清香高雅的素心蘭、四季蘭、九華蘭等實惠而又有詩意。以香而論，這幾種蘭花又實在不愧爲王者之香，其香其態，自然使人想起謙謙君子，貞靜淑女，我之喜愛中國蘭而不太欣賞洋蘭，其故在此。

臺灣花卉中最爲人忽視的大概是曇花。我參觀過很多花圃，很少看到他們培植曇花，此中原因可能是由於曇花太易於栽培，而開花時間又短。從前我沒有發現曇花的妙處，我也不大重視它。近年來我改變了這種觀念，因此我小心培植它。

曇花只要隨便剪一片連柄的大葉子插進泥土就會活，自然發育成長，如果連枝帶葉剪下來插，成長更快，如不修剪，枝莖可以長到一兩丈高，栽在地上比栽在盆裏更好。

曇花雖然不需要什麼肥料，但盆栽的曇花如果每月施肥一次，自然發育更好，開花更多，肥料以雞蛋拌水和粉狀的乾雞糞最好。曇花的生命力特別強，根部直接沾上雞糞也沒有關係。但是有一點必須注意，就是夏天不能晒大太陽，尤其是上午九時以後，下午四時以前的驕陽，晒多了葉子會黃，漸漸變成網狀，這不但有礙觀賞，也影響開花。

曇花的葉子長大肥厚，四季常綠，每年五月到十月為花季，每月開花一次，先從葉片缺口冒出粟米般的黃色小苞，漸長漸大，花托成淺紅色，約三四寸長，花苞成形前，花托自然長成秤鈎狀，向上彎曲，開花時多在星期天，自下午六七點初放，這時可以看見花苞尖端慢慢展開，如鯽魚小嘴唼喋，漸如捲筒，開始散發幽幽清香，九十點鐘盛開，花瓣潔白勝於新生鵝羽，形狀略似荷花，長而且大，中有新蕊，整個看來格外冰清玉潔，一塵不染，姿致豐盈，其美無比，稱之為花中之花，了無愧色。多朵同時開放，更為壯觀。這次我有二十朵曇花同時開放，同樣大小，或高或低，參差有致，並列平行，親如姊妹，白花綠葉，相映成趣，嘆為觀止。自初放至開始萎頓，先後約六七小時，俗謂「曇花一現」，乃過甚其詞。

曇花是最容易栽培的花卉，也是最大最美而又有一股清香的亞熱帶花卉，培植時間越久，枝葉越粗越多，花也開的更多。同事藍先生說，他鄰居的一盆曇花，高過屋簷，一次可開兩百多朵，那眞是花海了！

原載六十三年八月二十一日中央副刊

木瓜成熟時

北部的氣候和南部不同。北部雖無眞正的秋天冬天，但有那麼一點兒意思；南部却長年似夏，寒流來時雖然要加一兩件衣服，却毋須大衣，年三十夜的菜會餿也不是稀罕事兒。這種氣候，最適於亞熱帶的果樹蕃殖。香蕉木瓜之類，四季不缺。屛東河床的西瓜，更是過年時節的產品。

西瓜還有季節性，需要沙地；木瓜、香蕉（包括芭蕉），則不分季節，土壤也不必嚴格選擇，香蕉一栽下去，就會生長結實，木瓜子隨便撒在那裏，都能生長，幾個月後就結實纍纍，層層而上，木瓜樹幾乎不勝負荷。院子裏種三五棵木瓜樹，就長年不愁沒有木瓜吃。

來臺北以後，我看別人栽的木瓜樹瘦小伶仃的樣子，幹子上空空如也，即使有三兩個木瓜吊着，也比雞蛋大不了多少，因此對於栽種木瓜也就沒有多大的興趣。遷延了兩三年，直到前年才在院子周圍埋了十幾處好木瓜種子，長到一人多高，都被颱風吹倒，我索性連根拔掉，只有一棵沒有動搖根本的倖免於難。去年它又渡過難關，而且開始結木瓜，結得很多。可是長到比橄欖大不了多少，就紛紛萎謝。謝了又結，結了又謝，總數至少有五六十個。雖然我對它的期望不高，却也不免有點兒失望。最後總算它一個蒂上並排留下兩個，吊吊我的胃口。但是一整個冬天，絲毫不長，始終只有雞蛋般大小。春暖以後，才慢慢長大，長了整個夏天，也只有拳頭般大小。我讓它們完全黃透，才摘下來。眞是瓜熟蒂落，伸手一托就落在掌心，毫不費力。天下最好吃的東西莫過於園裏剛拔起的青菜，江裏剛拉上的活魚，樹上剛摘下的瓜果。這棵木瓜的種子本來就是上選，果然第二代的味道極佳。

今年初夏又開始結了一批新的木瓜，仍然是結了又謝，謝了又結，第一批總算留下大約十分之一，剛好十個。隨後又結了很多，直到現在留下的不過五六個，不到一拳大。現在仍然繁花滿樹，小瓜密得像蜂窩，但一到橄欖大就發黃，一個個掉下，不管它能結幾百，大概一個也留不下來。

第一批十個木瓜發育得不壞，最大的兩個像兩個小葫蘆，我估計每個總在三斤上下。因爲這種木瓜形狀好，肉特別厚，不像那種紡錘形狀的木瓜。現在這兩個大木瓜已經開始發黃，第一個黃到了頸蒂，在陽光下閃閃發亮，我在窗口頭一歪，就可以看見。我準備讓兩個熟透了才同時摘下。我不怕鄰居的孩子偷，因爲它高高在上，離地有六七尺，我伸手都摸不到。孩子們要想偸，必須搬凳子，拿棍子，乒乒乓乓。而且小孩子作「賊」也要結伴，兩三個人唧唧喳喳，東西沒有「偸」到手，老早被大人發現了，何況我整天坐在窗口，很少離開。記得今夏有個晚上，幾個過子來偷葡萄，他們在葡萄架下說這個大，那個小，唧唧喳喳，我不出去抓他們，在窗子裏面故意咳嗽一聲，幾個小鬼便像烏龜搬家，連滾帶爬，跌跌撞撞地跑到院子外面去了。

前天又有一個八九歲的女孩子拿着竹棍溜進院子想打木瓜，不巧被我碰見，這小鬼倒很機靈，她連忙對我說：

「張伯伯，我不是來偷你的木瓜！」

話一說完，丟下竹棍就跑，我看了忍不住笑。

小孩子就是這麼天眞，專做「此地無銀三百兩」的事情。比大人「掛羊頭賣狗肉」可愛得多。

這兩個木瓜再過一個禮拜我會摘下來，不能像南部朋友那樣吃不了讓它們在樹上爛。我望了三年，才有這麼一點「成果」。但願它結了不掉，那孩子們就可以分享了。現在樹高已過屋脊，要是結一個算一個，一年最少能結三四百個，何況我又種了幾棵新木瓜樹，明年準結，但願颱風小姐慈悲爲懷，我再遇着那「棄甲曳兵而逃」的女孩子時一定先對她說：

「來，張伯伯送你一個木瓜。」

鄉居情趣

出生於農村的人，大多對鄉土有特殊的親切感；我亦不能例外。雖然我生活在都市的時間幾倍於農村，但至今仍然不喜愛燈紅酒綠的生活，樂於鄉村的寧靜，恬淡，青山，綠水，一草一木的欣欣向榮，以及家畜家禽的天眞活潑。

我住在臺北鬧市郊外，這裡原來是十足的鄉村，公家的眷舍也是建在山邊田上。現在雖然日漸煩囂，四十二路公共汽車也以此爲終點，但是我住在山邊，面對青山，附近還有些農田，我自己也有一個不太小的院子，仍然有幾分鄉居情趣。

我的生活方式也和城裡人不同，我不要別人伺候我，我也不伺候別人，我完全獨立工作，像農夫耕田一樣，一分耕耘，一分收穫，雖然「汗滴禾下土，粒粒皆辛苦」，所幸的是不必靠天吃飯，天晴下雨都無影響。我也像農人一樣，寡慾無爭，從容悠閒；有永遠作不完的工作，停三天五天也不會要命，決沒有做股票生意和趕飛機火車擠公共汽車的那份緊張。無事不進城，即使進城也不多留。向未進過歌臺舞榭，一年也難得有一兩張影片值得我花了三兩個鐘頭。

和我作伴的是稿紙、鋼筆、書報、青山、綠樹，我自己種植的木瓜、番石榴、葡萄、橘樹、桂花、鷄冠花、美人蕉、白蘭花、萱花、聖誕紅、夾竹桃、桃樹、梔子花和養的金魚、鷄、貓和狗，以及剛買回的水仙花和菖蒲的球根，兩個月以後它們會放在我的案頭。

這些東西我所花的代價極少，如萱花只買了兩棵，現在却蕃殖了大小三十多棵，經常有白色的香花開放，起先我剪下插在瓶裡，只有三五天的生命，現在讓它自開自謝，每株開花期間却總維持個把月。木瓜、桃樹、橘樹都是用種子培植的，今年沒有颱風，一棵最大的木瓜樹已經結了不少大木瓜。橘子不是名種，我也不期望吃它的橘子，那常青的葉子和春天開的小白花，也可以賞心悅目。桃樹更不指望它結桃子，卽使結了也是毛桃，但一兩年後繁花滿樹可以預期，臺灣很少桃花，不像大陸那麼普遍，慰情聊勝於無。

貓和狗都是從小跑來的，我都收容了。一隻黃貓已經長大，從來沒此捉過老鼠，老鼠丟到牠的面前牠也不屑一顧。牠是一隻懦弱膽小的母貓。黑花貓也是母的，快到荳蔻年華，有幾分潑辣，很會搶食，常從黃貓嘴裡把魚頭搶走，和黃貓打打結結。可是牠弓起背脊在脚上擦的時候又十分溫柔，尤其有趣的是牠一直吃黃貓的奶，現在和黃貓差不多大小還是如此，黃貓成了牠「未出嫁的媽媽」。

小黃狗是上月跑來的，來時很小，一斤左右，個把月時光，瘦得只剩一個大頭。牠一來就大模大樣地睡在廚房裡木架的下層，彷彿這就是牠的家，木架就是牠的窩，一點也不怕人。起先看牠那一副醜相眞不想收留牠，牠身子那麼一點大，還有三四塊地方沒有毛，而且一塊面積很大，可能都是開水燙掉的，我就心不會長毛。可是現在不到一個月，長大了一倍多，身上的毛也全部長齊，洗洗澡樣子也很不錯。牠相當聰明活潑，蹦蹦跳跳，故意欺侮兩隻貓。但是一隻半大的雜種蘆花公鷄却是牠的尅星。貓吃食牠會去搶，公鷄吃食牠只能在公鷄周圍蹦蹦跳，嘴裡汪汪叫，牠想趕走公鷄，公鷄却不理牠，有時反而趕得牠連連倒退，啄得牠汪汪叫；但牠並不罷休，過了一會又照樣頑皮搗蛋。

牠歡喜咬東西，咬花，不讓貓吃食，只好把牠鍊起來，早晚放放，讓牠到處跑跑。

「地僻客來稀，」除了偶爾有一兩位愛好文藝的青年人光臨之外，我整日和青山綠樹貓狗花草爲伍，思想情感彷彿過濾了一樣，一片純淨。現在正是秋天，天空蔚藍，清風陣陣，涼爽而無寒意。花兒常開，生意盎然；鷄鳴吠吠，一片天籟。我更覺得鄉居有清趣，人還是與自然接近好。

清秋

在故鄉，現在是蟬曳殘聲過別枝的時候了。三伏天是牠們的好時光，大楊樹是牠們的好天地，春天最會唱歌的黃鶯和快割鳥，也把樹林讓給牠們。牠們有兩類好歌手，一類是高音，知—了—知—了—，高吭嘹喨；一類是中音，以一種沉悶而微帶嘶啞的聲音，拖聲曳氣地叫着。這兩種聲音，合唱了整個夏天，掩蓋了一切的蟲聲鳥聲。中元節一過，牠們就顯得有氣無力，漸漸銷聲匿跡了。

接替蟬兒歌唱的是紡織娘和蟋蟀。紡織娘愛在南瓜園裏輕吟，牠們主要的糧食是南瓜花。牠們蝗蟲不像蝗蟲，螳螂不像螳螂，紡織娘比這兩種霸道蟲文弱優雅得多，眞像個小娘兒。有專門捕捉的人會把牠們關在小篾籠裏挑進城裏來賣，便宜得很，兒時只値三兩個大銅板，後來也不過一兩個分洋，小姑小嫂們最喜歡買，吊在窗口下，聽牠秋夜淸吟。早晨摘一朶帶露的黃南瓜花，放進小篾籠裏，就够牠一天一夜的生活。

蟋蟀雖小，叫的聲音却嘹喨雄壯。牠們多半棲息在古老的靑磚牆脚下，和比較陰濕的廢墟中，甚至古墓裏。玩蟋蟀是男孩子的專利。一根捋了穗的狗尾草，一個小瓦罐兒（裏面盛了一些潮濕的浮土，有的隔成幾小間），携着這麼簡單的工具，跪在牆腳下，廢墟中，坟堆裏，搔搔扒扒，有時找了一下午，也難找到一隻好鬥口，最多的是肥肥大大的三尾子，沒有一點用，誰也不要。

最會鬥的蟋蟀也是叫得最嘹喨好聽的蟋蟀。身長，嘴大，腿健，皂中帶棕，草尖一撥，馬上咧嘴振翅，躍躍欲試，嚁嚁而鳴；戰勝時叫得更響。不會鬥的蟋蟀草尖兒一撥，牠就兜着瓦鉢瓷盆打圈兒，垂頭喪氣，沒有一點兒趾高氣揚的樣子。看牠那副窩囊相就會生氣。

蟋蟀除了好鬥可供娛樂外，最妙的還是嚁—嚁—嚁—嚁—的叫聲。一到夜晚，叫得更勤。兒時讀到「秋夜有蟋蟀，鳴於牆下」的句子，用不着先生開講，心裏自然明白。比「雲從龍，風從虎」，要有興趣得多。蟈蟈蛙鳴，予人以強烈的生的啓示，嚁嚁的蟋蟀聲，予人以清秋情趣。即使不懂平仄的人，也想寫一兩句歪詩。

在這種暑氣漸消，金風送爽的日子，除了聽覺的享受之外，口福仍然不壞。菱角、蓮蓬、藕，會送到嘴邊來。

菱角有兩種，一種是嫩的紅菱，味道清甜，生吃最好。老的煮熟了也好吃，澱粉很多。生熟同時應市。另外一種是鐵菱角，殼硬，很少人生吃，煮熟了還要用刀砍，所以沒有紅菱吃香。

蓮蓬和菱角出產得同樣多而且便宜。這兩樣東西，小販是用敞口大籮筐挑着沿街叫賣，十五六歲的小姑娘則提着淺口圓竹籃，沿家送到。最好的時刻是晚飯後，洗過澡，端出紫檀木般的老竹床，在街沿或院子裏一躺，小姑娘送上一籃菱角，或是一籃上面滾着水珠的大蓮蓬，再吝的人也得破點兒鈔。盤脚坐在老竹床上剝菱角、吃蓮蓬，那味道比伸長頸子看電視雋永得多。電視裏敞胸露腿的女人，那有拖着一條烏黑的大辮子，白竹布短褂，黑長褲，不搽胭脂臉也紅的羞人答答的十五六歲小姑娘有趣？

藕多半是早晨菜販送上門來賣的，嫩而且白，除了用糖醋炒了作菜之外，晚上乘凉切幾段生吃，也清爽無比。老藕燉豬脚、臘肉火腿，更是無上妙品。

故鄉雖不出產大板栗，但街上到處飄着炒板栗的香味。而板栗燜雞，又是一道名菜，這時節吃的最多。

毛栗却是故鄉土產，和菱角蓮蓬藕一樣普遍，廬山的毛栗更好，又粉又甜。小姑娘提着一籃籃的熟毛栗，送上門來，大大小小的竹筒，隨你挑，五分錢可以買一大竹筒，有半升的量，鄉下人老斗老秤，够吃個痛快。

此外「天津」梨兒，烟臺蘋果，廣東芝蔴香蕉，水果店裏多的是，不過沒有小姑娘送上門來。

紡織娘和蟋蟀是清秋的抒情詩人；菱角、蓮蓬、藕……是清秋的妙品。已涼天氣未寒時，這是一個最好的季節。臺灣就缺乏此種情趣。連街上的冒充板栗，和移植改良的梨兒，也完全不是那個味兒，更不會有菱角、蓮蓬、藕送上門來。此地的藕還不如家鄉的藕梢兒，那種三五尺長，有大人腿肚粗的老藕，更未曾見，所謂藕粉更使我懷疑，蓮子都當貴重藥材進口，不言可喻。

橘逾淮而爲枳，不但吃的東西變了味兒，連一份無需錢買的清秋情趣也不可得。這就算是哀樂中年的外一章吧，在臺灣生長的這一代人是體會不到的。

秋山紅葉

臺灣的秋天和春夏沒有什麼不同，在大陸分別却很明顯。秋天是個很好的季節，天空特別高而蔚藍，氣候十分涼爽，而秋山紅葉，最富詩情畫意，啓人深思而不陶醉。如以詩相比，草長鶯飛屬於抒情詩，秋山紅葉，却屬於哲理詩；以人相比，春天像個天眞的少女，秋天却像個成熟的怨婦。

紅葉是秋天的一大特色，時間多在晚秋。發紅的樹葉有兩種，一是烏桕，一是楓樹。烏桕葉形狀略似心臟，比楓葉小，樹亦較楓樹低矮，樹葉的顏色却比楓葉更紅更艷，加上烏桕子白如雪，實在是深秋的最好點綴。烏桕以外，楓葉就最出色當行了。

三十五六年間，我在南京工作時，聽過不少人稱道棲霞紅葉，很想去看，但因爲自己幹的是無間寒暑、不分年節的工作，而我又是頭戴石臼玩獅子，半天時間也抽不出來，終於錯過大好機會，正如來往京滬不知多少次，而沒有下車到蘇州一遊同樣的遺憾。

三十七八年間，我轉到湖北工作，每月却有半個月的時間住在長沙，工作又十分輕閒。那時局勢雖然十分不安，我還是單人匹馬遊了一次嶽麓山，看了一次滿山紅葉。

嶽麓山在長沙西面，中隔湘江，從長沙去嶽麓山，要經過水陸洲，水陸洲也很有詩情畫意。過水陸洲就有一條大路直通嶽麓山。

嶽麓山不高不險，周圍也不大，却很清幽俊秀。湖南的最高學府湖南大學就在山麓，宮殿式的建築，寧靜肅穆，傍依名山，面臨勝水，是最理想的讀書地方。

我是循着湖大旁邊的一條石板路上山的。山路寬坦，遠不如上廬山那麼險峻。我爲了欣賞山上的風景，在半山茶亭休息了一會，山上松樹甚多，松濤低吟輕嘯，秋風瑟瑟，微帶寒意。此處紅葉不多，到清風峽楓林密茂，才可以看到紅葉滿山的勝景。看紅葉最好的地方自然是「愛晚亭」，因爲「愛晚亭」在楓林中間。

楓葉的顏色比烏桕深，如血一般莊嚴，不似火燄一般鮮豔。清風峽自以楓樹最多，但間有烏桕，如不細察，不易區別。

此時遊山的人自然是爲了欣賞紅葉。但山下農家少女，却揹着竹簍，帶着竹扒，上山扒集落葉，揹回家去當柴燒。湖南少女，健康、活潑、熱情、大方，她們的臉像秋天的蘋果，更爲紅葉秋山生色不少。當時我寫了三首七言絕句，現在只記得其中有一句是「滿山紅葉女兒樵」。完全是卽景卽事。

嶽麓宮是山上的古寺，（氣象自然比不上廬山的棲賢、萬杉、秀峯、歸宗諸寺。）遊客可以在這裏素餐。離麓嶽宮不遠有禹王碑，宮右有飛來石。

山有張輝瓚、黃克強、蔡松坡諸氏墳墓，供人憑弔。

麓嶽山離長沙比陽明山離臺北近，如將嶽麓山搬來臺北，當涼秋九月，紅葉滿山之時，臺北站又要大排長龍了。但這是一種島國情調，必然破壞了嶽麓山清幽絕俗的氣氛。

仲秋走筆

中秋節一過，窗外涼風習習，天空碧淨如洗，偶而飄過幾片白雲，彷佛小白羊在春天的大草原上散步；詩人乘着蚱蜢輕舟，在夢想的天國漫遊；畫家筆下的嫦娥玉帶，凌虛飄搖。……

我想起廬山的秋天。冠蓋風流雲散後牯嶺街上寂靜的青石板路。蘆林的黃沙幽徑。唱着小夜曲般的清溪。偶而落在肩上的一片黃葉，像知心人輕輕地搭上素手。黃龍寺前兩棵直摩藍天的青葱寶樹，和它們旁邊那棵同樣高大而黃葉飄飄的銀杏。登五老而衣袂飄飄，頓欲凌空御虛而去，下彭蠡或上九霄。空山寂寂，小徑幽幽，踏着柔軟如綿的落葉，聽着自己的心跳。夏天瞬息萬變的霧，無影無踪。青山作伴，披一身溫柔的陽光，吸一口薄荷般的空氣，聽聽古寺悠揚的鐘聲，人即是仙，人所能達到的境界，無過於此。

乘着藍天的那片白雲輕舟，我又回到金陵靈谷寺。穿過參天古木小徑，一身輕盈。登上塔頂，六十里金陵，盡收眼底。千里長江，白帆點點。紅葉荻花，一片秋色。松風鴻雁，盡是秋聲。

檄巃山的紅葉，洞庭、鄱陽的秋水蘆葦，長江的落霞黃柳……處處引人秋思。

秋天的明淨，恬淡，光風霽月，是其他的季節所沒有的。

臺灣四季不大分明，最近幾天總算有點秋意。坐在斗室裏迎着秋風，望着藍天白雲，神遊於錦繡河山兩三日，突然想到出去走走。但是可去的地方多已去過，本想重遊日月潭和梨山，去尋找幾分秋色，尋找依稀夢裏湖山，無奈有錢的大老板，倒欠了我的爬格子錢，使我青黃不接，縱有此雅興，亦無此閒錢，只好退而求其次，舍遠求近。

內湖甚近，但已去過三次，不想再去。陽明山是看花看人的地方，不是秋山，難尋秋趣。觀音山去過兩次，越看越不够味。烏來眉毛眼睛擠在一塊，人走進去更覺得胸襟狹窄，那一條裹脚布似的瀑布也沒有什麼好看。島居十六七年，往日豪情壯志，消磨殆盡，還是保留一線大陸根性，留待他日，再作壯遊。想來想去，終於想到一直未去的指南宮。

我一拖十幾年，未去指南宮，一是因爲它近，二則以爲它不過是一個廟宇。臺灣的廟宇，失之纖巧，缺少紅牆綠瓦大山門的氣派，更缺少懾人心魂的丈二金剛，無論香火怎樣鼎盛，總不够莊嚴肅穆的氣氛，有人大菩薩小的感覺。加上穿得花枝招展，塗眉毛畫眼睛的小姐們的抽籤求卦，隨便拱拱手而不磕頭，廟祝站在旁邊等候賞賜香錢，生怕香客鬧小差的樣子，那一點像個大叢林？

爲了不辜負大好秋天，我抱着騎着驢子看唱本的心情，去作半日遊。兼看一位住在木柵的寂寬詩人。

我到木柵時剛好在車站附近碰着這位老朋友。他大概動了凡心，正想到臺北來。承他盛意，陪我上指南宮。

坐遊覽車到指南宮，一路上沒有什麼可看的，十分鐘就到，方便得很。

指南宮的確不小，可惜殿堂不寬不深，氣勢不足。前面水池裏有個噴水的大鯉魚，殿前有廣場，桌上擺滿了貢品，不知道是誰家求神許願？佛殿有位綠衣少女求籤問卦。詩人健談，我隨便朝佛殿上打量了一眼，無心再看，根本不知道供奉的是什麼神？後來他告訴我這裏供奉的是呂洞賓何仙姑。在戀愛中的男女或未婚夫婦多不願上指南宮，據說會影響愛情和婚事，他的女朋友就不肯和他上指南宮。

廣場上有四架望遠鏡，可以望見臺北，看到統一飯店，看一次一塊錢。

右邊幾十步有座佛祖殿，殿不大，也很冷落，但廣場卻十分寬敞，且下臨深壑，頗爲險峻，踞高臨下，可以近看木柵，遠望臺北。

到這邊來的只有我們兩人。老朋友很高興，和我談了不少笑話。自然談到一位遠在美國的詩人，一位長眠地下的詩人，如果我不深知他們，那會笑痛肚皮。某詩人的膽小如鼠，某詩人的「愚蠢」可笑，眞的出人意表，他們即使活一百歲還是一個小孩。有三位詩人朋友，可以說是孩子、瘋子、詩人三位一體。長久不和詩人們接觸，這位老朋友的話平添幾許秋趣。

由於他的工作關係，他能看見人性最隱藏的一面。有些事情不是心理學家決不會相信，如果寫成小說，讀者一定會罵作者杜撰，但有很多事情雖然有案可查，作者也不敢寫，非關機密，實在有失人性的尊嚴。我很羨慕他那份工作，對於創作而言那比在書本上啃心理學有益得多。

我想看看山後一個新修的大殿。轉到指南宮後面，新殿正在興工，規模不小，一旦完成，指南宮的香火自然更盛，也會招徠更多的遊客。

轉入一條上山頂的小徑，從後面山上看指南宮，是一連三進，瓴樑像彎彎的牛角，屋脊中間還有一座小小的寶塔，頗費匠心。沒有走上山頂，我突然停步，我想起多年前一位年輕的朋友，不知道什麼事想不開，在山頂上服了大量的安眠藥，滾到山下田邊，三天三夜未死，也許命不該絕，後來被鄉下人救起。當時他寫信告訴我吞吞吐吐，不敢明言，後來才說出這件事。現在他已結婚生子，大部賴稿費維生，寫作更勤，但願他長命百歲。

回來時循前面石級，步行下山。這段石級路不算短，但沒有關子嶺那段石級險陡，也沒有廬山好漢坡那麼長，那麼高，那麼難走。路邊有水泥磨石凳，林蔭夾道，這段路倒有點山林之勝，比指南宮本身有意思，這是一個意外的收穫。

另外值得特別一提的是指南宮到佛祖殿的小路下邊，有棵五六尺高的桂樹。去時我未發覺，轉回時突然聞到一陣清香，我駐足尋找，終於發覺這株我在臺灣所看到的最大桂樹，花雖不多，但已喜出望外了。

沒有紅葉，不成秋山，已經減色不少。沒有桂子飄香，那就更少秋味了。走筆至此，我想起廬山五乳寺前一棵高達兩三丈、粗可盈抱的大桂樹，和江西樂平郊外路邊的兩三棵同樣大的桂樹，秋風陣陣，清香撲鼻，遠近兩三里地都可以聞到。其實大陸桂樹之大之多，豈止此一二處？一般大家庭院，常有一兩丈高的大桂樹，廬山的桂樹和梅樹，幾乎同樣的多，山巔水涯，常常不期而遇。臺灣的桂樹當作盆景，多是一兩尺高，手指頭粗，指南宮這棵五六尺高，小兒臂粗的桂樹已經是少有的了。

下山順便參觀了政大。建築新穎，環境安靜，是讀書的好地方。回首望指南宮，在秋風夕照中也可入畫。希望那位大畫家，在它周圍加上參天古木，讓它若隱若現，再添上一堵紅牆，幾樹紅葉，那就有點像秋山古寺，夢裏眞眞了。

內湖小遊

我生在水鄉，又在廬山住過三年，愛山水自然不是附庸風雅，是出於天性和習慣。對於燈紅酒綠，紙酒金迷的生活反而有點格格不入。來臺北後，在大直鄉間一居五六年，整日面對青山。近兩三年來「賢」人一個，毋須上班，如非有事決不進城，即使進城也不多作停留，一心一意過我的鄉居生活，以硯爲田，心情舒暢，寫作時也多一點靈性。大直的風景雖然不算太好。但綠竹漪漪，樹木常春，最難得的是門前山上有三棵松樹，雖不能與廬山的松樹相比，在臺灣倒也少見。加之臺灣的名勝山水我玩了很多，覺得無甚可取，所以遊興不興，認爲我居的地方就很不錯了。

今年春假期間，有人去內湖遊過，說風景不壞，寺廟甚多。我將信將疑，後來希鐙兄夫婦下鄉來玩，我就犧牲了三四個鐘頭的寫作時間，隨他們同遊內湖。因爲內湖離大直甚近，有十六路公共汽車可達。

那天下午三點多鐘才到內湖。上山入口處，山勢如圍椅，左邊一列山脈雖然不高，但有峯有巒，青翠欲滴，如一隻圈椅扶手，向裏延伸，山勢也漸漸的高上去。這一列小山脈是我在臺灣看到的山中唯一有廬山那點靈秀之氣，自然不能與廬山的七賢峯相比，但求其貌似，具體而微，也就很難得了。

山上廟多，我們由右邊大路上山，最先看到的是太陽廟，廟已破爛，供的菩薩倒不少，大小不盈尺的偶像，依假山而立。中國人是多神主義，雖然這座廟以太陽神爲主，但什麼神都有，可惜香火冷落，廟破破爛爛，菩薩也跟着倒楣。沿着太陽廟繼續上去，途中有個很大的煤礦，開採得十分成功，一卡車一卡車的煤運下山去，灰塵很大，把空氣樹木都弄髒了。

在路邊小茅亭休息一會，吃了一截甘蔗。這個小亭也有點大陸山上茶亭的風味。

繼續前行一段路，發現路邊有過小牌，寫着「金龍禪寺」幾個字。（事先我並不知道山上究竟有多少寺廟？我們的目標是山頂那座望得見的寺廟）姑且抱着試試看的心理，沿着山坡小路走上去，不久發現山窩裏有一座新建的寺廟，規模不小，便一直走上去。從側面進入廟廊，正面一看，這廟的規模顯得更大，而且是新式鋼骨水泥建築，除了正殿之外，兩邊有客房、僧舍、飯廳、會議室，樓上房間不少，這是我在臺灣看見過的氣魄最大的寺廟，不過佛像仍然不大，無法與廬山歸宗、秀峯、萬杉、棲賢諸大名剎相比，自然更缺少那種盎然古意，在臺灣又那裏去找南北朝的古廟？

我們在金龍寺盤桓甚久，因爲這裏風景很好，寺前雖無黃龍寺那兩棵大寶樹，和茂林修竹，但稀疏的小樹和突起的石頭，可以觀賞休息，夏天黃昏乘涼小坐另有一番情趣，河裏無魚蝦也貴，對這個金龍寺我已經十分滿意了。如能在這裏租一房間讀書寫作，最爲理想。

寺前有水泥路可通小汽車，澗邊有棠梨樹數十棵。本來我還想上山頂寺廟去看看，因爲時間不早，只好取道這條水泥路回來。沿着這條路下山以後有一條大馬路，一邊是阡陌相連，一邊有三五農家，三面環山，寧靜清幽，住在這種地方毋須求長生藥，清心寡慾，自可延年益壽。

這次遊山半途而返，下次有暇還想再去。

花，馬尼拉

五月二十九日下午七點四十分，我和赴菲華文教研習會授課的崔德禮，邱維城、王秀蘭、殷正言、柯吟芳諸位先生一行六人，搭乘菲航噴射機，直飛馬尼拉。彭歌則由曼谷前往，故未同行。

這天下午下了一陣大雨，天氣涼爽，飛機凌空後，俯視臺北，萬家燈火。彷彿是誰撒了一地的鑽石，閃閃發亮；又好像滿天星斗，跌下凡塵。人在高空，在夜間才能有這種眼福。

飛機平穩地飛行，沒有一點顛簸。我坐在靠窗口的座位，不時看到地上海面稀疏如豆的燈光。進入巴士海峽之後，底下卻是一片黑暗的深淵。再見燈光時，已經到達馬尼拉的上空了。

飛機沿着馬尼拉灣飛行，馬尼拉的電燈似乎比臺北更多更亮，市區也更遼濶，從空中俯視馬尼拉，產生了美麗的第一印象。

飛機降落時是九點三十分，臺北馬尼拉之間的航程，只費一點五十分鐘，比從臺北坐柴油快車到臺中還快。由於交通工具的進步，世界是愈來愈小了。

大使館、總支部和文教研習會的許多先生，都到機場迎接，幾位小姐替我們套上菲律賓國花三巴吉杳（Sampaquita），我們叫做茉莉花。馬尼拉一連下了兩個星期的雨，昨天才停止未下。溫暖而不炎熱的空氣洋溢着馥郁的茉莉花香和手足般的友愛。

杜威大道沿着馬尼拉灣直到市區，全長十餘公里，寬濶平坦，林蔭夾道，一邊是淡藍的海水，水上停泊着不少萬噸以上的巨輪；一邊是林立的大厦，豪華的舞廳、夜總會、航空公司都在這裏。我們宮殿式的大使館，和規模最大，佔地最多，隱藏在樹林中的美國大使館，以及倫禮沓公園、黎薩紀念碑、閱兵臺，都在路邊。

在這條大路上來去如飛的有最新式的小轎車，雙層的紅色大巴士，改裝的花車一般的吉甫、的士，以及臺灣看不到的馬車。

菲律賓人坐着雙層的大巴士在海邊兜風，這種大巴士沒有玻璃窗子，周圍都是空格，搭客的吉甫也是一樣。

馬尼拉的馬車和南京、漢口的馬車不同，車上只能坐兩個客人，馬也特別小，比我們四川的馬還小，甚至比不上北方的驢子。初見這種小馬會覺得有點滑稽可笑，完全沒有南京漢口那種高頭大馬拖着五六個人蹄聲得得的神氣。日本人留下的戰馬，不知他們怎麼沒有好好的培養繁殖？

馬尼拉市區車輛特別多，非常擁擠，不准停車的牌子下面偏偏停了一條長龍，單行道被停住的車子佔去半邊，通行的車輛又首尾相接，因此只能一步一步地前進。秩序之亂，街道之髒，使我們大為驚奇，本地人却安之若素。

當夜我們住進 Salazar 街大火後新建的四層富都大旅社，這家旅社在新落成的自由大厦對面。單人房間，有冷氣、電話、洗澡間。和臺北二流旅社差不多，只是沒有浴缸，而用蓮蓬和大水龍頭淋浴。經理特別囑咐我們出進一定要把房門鎖好，睡覺還要把門裏面的鋼門閂上，那種鄭重其事的情形，是臺灣任何旅社都不會有的。

上下課有車接送，回到旅館以後就關緊房門，如坐禁閉。房間裏不開冷氣就耽不下去，開久了冷氣又怕再患風濕。上街怕搶，在房裏又怕患風濕，眞是內外受敵。

第三天下午我沒有課，施穎洲兄特別陪我逛逛馬尼拉最繁華的黎薩大道和最整齊漂亮的大橋頭。這兩條大街和華僑區的窄狹道街完全不同。人也多半不是自己同胞的面孔。菲律賓是人種大雜燴，菲律賓民族的血液混雜到四十二三種之多，主要的是馬來族，以未薩雅（VIZAYA）和大家樂（TAGALOG）人最多，皮膚比中國人黑，一眼就可以分別出來。印度人和西方人的混血兒也有很大的差別。非律賓上流社會人物，多是當地人與西班牙人、美國人、中國人混血的後裔。

文藝班的黃天祝、洪天賜、黃書鑾三位同學，陪我遊了一次動物園。馬尼拉動物園範圍比圓山動物園略大，非洲的馬羚，上丈長的大鱷魚，美洲的棕熊，喜馬拉雅山的大黑熊，和猩猩等，是我們動物園所沒有的。可惜我想看的菲律賓特產牛猪（水牛與野牡猪雜種）沒有看到。

植物園與動物園相連，滿眼翠綠，空氣新鮮，比在旅館裏舒暢多了。

回來時又在王城旁邊玩高爾夫球，每一洞都是菲律賓名勝古蹟，如馬容火山等，設計很有意義。

彭歌從曼谷來的那天晚上，兩位華僑朋友帶我們集體去遊倫禮沓公園。公園範圍很大，有建築新穎的閱兵臺，黎薩紀念碑也在這裏，因為當年黎薩被西班牙人槍斃的地方就是倫禮沓，紀念碑就建在他殉難的地點。一個衛兵機器人似的站在碑前，一個衛兵機械地來回走動，有一種莊嚴肅穆的氣氛。在那種大熱天他們服裝整齊，頭戴鋼盔，眞夠受的。

黎薩墓也在紀念碑附近。墓很矮，完全沒有我們的中山陵那種氣氛。但黎薩的絕命詩譯成各國文字刻在周圍，中譯詩是施穎洲先生的手筆，可惜那天晚上不知什麼緣故取下去了？黎薩殉難照片也嵌在壁上，個子矮小神情鎭定。臨刑時他曾請求子彈射在胸部，但監刑的西班牙少尉說：

「不行，不行，只有西班牙的貴族有此權利，你是要在背部受彈的。」

言猶未了，衆彈齊發，黎薩倒地死了。西班牙士兵則高呼「西班牙萬歲」、時為一八九六年十二月三十日。黎薩固然沒有想到他死後會成為菲律賓的國父，西班牙人何曾想到他們會喪失菲律賓？世事多變，歷史是最好的證人。

黎薩是個高明的醫生，多才多藝的詩人、小說家、藝術家，他有中國人的血統。他的絕命詩是用西班牙文寫的，連西班牙人也嘆服他的才華。黎薩死後兩星期，同情他的西班牙人色威羅JUAN CERVERO 用槍打死了他們的首相加納瓦斯。這也是黎薩所沒有想到的。

馬尼拉灣輕微的海風，吹不散倫禮沓公園的熱氣。那兩位先生帶我們上車，沿着杜威大道急馳，起初我以為是回旅館，後來停在路邊一個露天廣場，這裏有許多躺椅，彷彿國內的露天茶社，那一排的矮屋，有一點像改建前的中華商場。他們兩人請我們吃烤肉、喝啤酒，坐了很久，當時毫無戒心，盡興而歸。第二天才知道那是個是非之地，經常啤酒瓶亂飛，白刀子進，紅刀子出。當時我們是聾子不怕雷，事後聽說反而捏了一把冷汗。

馬尼拉除了治安不敢恭維之外，郵政也好像天方夜譚。崔德禮先生發了一封本市信，五天才到收信人手裏，而那段路程離我們住的旅館步行也只要五分鐘。當收信人帶我們去他店舖時，談話間他正好接到那封信，眞有點令人啼笑皆非。還有可笑的是邱維城先生買了一塊錢的郵票，只給了八角，當時我聽了簡直不敢相信，甚至現在還不相信，但還是事實。據說有位先生在馬尼拉託旅館服務生發了好幾封信給太太，結果沒有接到太太一封信，他回國後埋怨太太為什麼不回信？太太也埋怨他：

「你沒有寫信我怎麼同？」

後來他才恍然大悟，原來是服務生把他發信的錢留下，信丟到什麼地方就只有天知道了。

三百年前的馬尼拉，是竹籬茅舍，蓆頂板壁的房屋，上層住人，下層養猪，正如今日的菲律賓許多鄉村。但是現在的馬尼拉多是高樓大廈，巴息Pasig河以南的大廈，都是二次世界大戰以後興建的，和斷垣殘壁的西班牙王城，恰好成了強烈的對比。高級住宅區的豪華房屋，和聖公會中學後面中正學院前面臭水溝上的破爛貧戶，更是天堂地獄。馬尼拉的菲律賓人不少億萬富翁，也有很多吃了今天不知道明天的窮人。警察待遇雖低，但往往養三四個太太；華僑區大火，消防隊員勒索巨款未能即時兌現就握着龍頭不放水，因此燒掉整條街。這些故事眞是海外奇談。

朱一雄先生告訴我，馬尼拉的原意是花，是什麼花？他也弄不清楚。我只在馬尼拉住了一個月，自然更不知道他是什麼花？

馬尼拉的人口將近三百萬，市面比臺北大，白天也比臺北熱鬧，夜晚在空中看馬尼拉，更像到了鑽石城，但是最好不要下地，更不要一個人在街上行走。

霧裏看花最好，要進入現實世界，還是住在臺北好，甚至公共汽車後面的黑烟，也有一點兒可愛，它過站不停，自然令人生氣。但在馬尼拉找不到巴士站。坐馬車、坐吉甫、坐的士，都會半路殺出程咬金，在臺北何曾爲這種事提心膽吊？左顧右盼？

夏日梨山

今年夏天特別燥熱。六月在馬尼拉過了一個月無雨的熱天，希望回到臺灣涼快一陣，一回來就覺得臺灣的天氣也不對勁，天天埋怨馬尼拉眞有點不公道。

天天在三十五六度的氣溫之下，揮汗如雨，怎麼也不敢動筆。過去幾年大開電扇，對着身子吹的教訓太大，不敢再犯，只好逃避炎威。爲了恢復自由之身，把學校的聘書一退掉，八月初就和嗣汾兄一道上梨山。

五六年前的冬天，曾經隨訪問團越過橫貫公路，在梨山住了一夜，當時在山下毋須大衣，在梨山卻非大衣不可，早起呵氣如雲，頗有大陸冬天的味道。梨山給我留下一個「冷」的印象。這次避暑上山，首先發覺公路好了，從東勢到達見，是柏油路面，不像五六年前的焦鹽排骨，車子越往上爬越涼，覺得這次上梨山正是時候。

過達見以後，路面未鋪柏油，仍然是以前的老樣子，車子過去灰塵滾滾，有些地方路基坍陷，車子僅能勉強通過。橫貫公路梨山西段土質鬆脆，保養很費功夫。

十一時半到達梨山，車站在國賓飯店梨山賓館對面，現在的梨山賓館是以前的公路局招待所原址，梨山賓館自然比以前的公路局招待所漂亮，它是臺北圓山飯店的再版。

五六年前的梨山車站附近，全未開闢，現在到處種了包心菜和梨樹蘋果樹，那些梯級的風化石地，一層一層地直開到山頂，面目一新。山胞已經有了電視機、摩托車，不是五六年前那種衣不蔽體的樣子。以前沒有人要的山地，現在使他們發了財。他們從原始生活，一下跳到二十世紀，享受現代文明，這是他們做夢也沒有想到的。

我們到達時，雖然日正當中，可是身上沒有一點汗，十分涼爽舒適。

梨山站長舒涵深先生，是位精明能幹而熱忱的人，他和嗣汾兄是老朋友，和我是初識，但是我們的家鄉距離很近，而且都在江邊，雖然地分兩省，相隔不過九十里，長江交通方便，風俗習慣相同，一向來往密切，雖係初識，亦如故交。我們在餐廳吃過午飯後，即下榻公路局招待所，現在的招待所和車站相距八九百公尺，沒有以前方便。

招待所是鐵皮木板房屋，外面髹了紅漆，最為醒目。裏面設備不錯，地板，一房兩床，乾淨、涼爽，睡午覺時還要蓋毛毯。和臺北晚上熱得睡不着覺的情形相比，眞是人間天上。

下午三點多鐘，舒站長陪我們去福壽山農場參觀。以前我也來過，那時梨樹蘋果樹，種下不久，不到一人高，數量也少，現在遍山都是，上丈高。去年梨樹結果最多，今年很差，樹上的果實破裂萎縮，地上掉的比樹上掛的多。據引導我們參觀的技師說是土質養份不够，很多梨樹的葉子都不健康。

蘋果樹也有不少結了果實，表皮的顏色已經發紅，落果也多。有一棵蘋果樹結的特別好，據估計蘋果在兩百斤以上，値四千多元，我有點不敢相信，這樣的樹有十棵二十棵就够了。可是整個山上這樣的樹也沒有幾棵，三五年後大概會多起來。

農場裏的桃樹也不少，樹不過三五尺高，結的桃子也不多，但桃子比鷄蛋還大，表皮紅了半邊，看起來很有意思。

福壽山比梨山的位置高很多，地勢也比較平坦，果樹下的包心菜青綠可愛，比梨山陡坡上種的好。有一棵在堆肥上特別培育的包心菜，葉子面積已經長到籮筐口面一般大，將來當在十斤以上。

福壽山比梨山更涼，我們站在過風亭裏冷得打顫，連忙跑出來晒太陽。

據農場技師告訴我們，農場裏的退役戰士，每年平均收入在一萬元左右，目前仍以包心菜產量最多，山下的商人會全部包購，毋須零賣。

福壽山農場範圍很大，土地卻不能買賣。梨山山胞的土地雖然是國有的，但他們名下的倒可以自由買賣，而且俏的很，車站附近已經沒有土地可賣了，有錢人也不嫌遠，十里八里以外的山地還是設法買。梨山已經不是人烟稀少的深山，快要變成金銀山了。

梨山的夏天實在涼快，晚上要蓋棉被再加毛毯。頭一天夜晚我沒有加上毛毯，還有點寒意。清早起來要穿厚毛衣，比碧瑤涼快，和廬山彷彿，冬天却不像廬山那麼冰天雪地。

我每天早晨五點多鐘起來，空氣特別清新，而且有大陸秋天的那點寒意，山下的熱浪衝不上這一千八九百公尺的高山。

清早的次高山和大雪山頭，也特別青綠好看，而且顯得更近。坐在桌前，面對三千多公尺的青山，看乳白色的晨霧，像輕紗般地繞着山頭，不久晨曦又給它戴上一頂金冠，輕紗就變成白領巾了；山峽的大甲溪，像一條竹葉青小蛇，從石縫間緩緩鑽過；山上一種特有的「唧唧唧，唧——呀」地叫着的小鳥，聲音特別清脆嘹亮，這些高山上的聲色，眞的給來自山下鬧市的人耳目一新。在山下看不到的烏鴉，在山谷中一面飛一面叫，聽來也彷彿他鄉遇故知，格外親切。

本來我想在山上住到秋涼才下來，因爲一個特殊的原因，招待所要全部騰出來，讓大批人住，我們只好打道下山。

在山上六天，十分愉快。只有一件事現在想起來還有餘悸；上山的第二天夜晚，在梨山賓館看電視，我想趕稿，提前回招待所，地形不熟，又未帶手電，走到第二個大彎時，對面山上營房的燈光直射過來，眼睛有點發花，我把那一道白茫茫的燈光，當作分叉的公路，一直往前走，直到一塊小石頭擋住，我才大疑，不敢再走，又沿着山邊繞，一繞過來，順着燈光一望，原來那是一個深谷。第二天去看，才知道那塊石頭正在崖邊，如果我一掉下去，那條宜蘭公路擋不住，因爲崖石中間是突出的，那一下會滾到大甲溪底，粉身碎骨，沒有人會知道我到那裏去了。

溽暑憶匡廬

域中之山，自五嶽外，匡廬最著名。其山絕高大，數百里皆見之，臨江傍湖，驛路出其下。言其高，則層峰插天，雲雨在下；然而山顛多有平土，流泉隨地湧出，可耕可鑿。言其深，則重岡複嶺，迷徑惑溪，灌木長林，不見日月；然在在皆有僧舍，笠屐所至，隨意眠餐，無途窮之苦；言其奇，則孤峰拔地，絕壁造天，瀑落雲中，泉懸空際，然而意象古雅，標格清疏，即之可親，服之無斁。

——潘耒遊記

這則遊記對廬山的形勢寫得最爲眞切。沒有到過廬山的人可以意會，到過廬山的人更加神往。在國內名山中，廬山佔盡地利，交通之便，非五嶽可比；丘壑之勝，古蹟之多，亦首居一指；避暑更爲理想，眞有人間天上之慨，政府遷台前，此時廬山正是冠蓋雲集，成爲名副其實的夏都。菲律賓之碧瑤，無論自然形勢，名勝古蹟，水陸交通，均難與比。

廬山屬江西九江縣，入山必經之地蓮花洞距九江縣城僅二十五華里，有汽車直達。廬山之享盛名遠在一兩千年前，騷人墨客，吟詠其間，不可勝計。其開闢爲避暑勝地，則爲近百年間事，英國傳教士 E.S. Little 爲始作俑者，以後各國傳教士聯袂而至，將長衝、星洲、草坡地、吼虎嶺、大林寺、醫生窪等勝地「租借」以去，總名爲牯嶺租借地。這些租借地的管理權直到民國二十年元旦才正式收回。

牯嶺的房屋都是山上的巨石砌成，石塊通常一尺多厚，兩三尺長，堅固典雅無比。不像現在士林、石牌、天母一帶興建的別墅，外面用一層薄薄的石片貼上，虛有其表。牯嶺夏天的氣溫在八十度左右（早晚更低），加上這種建築，室內更涼爽如秋。

廬山並不是很高的山，不過在長江平原看來，的確數百里可見。廬山的最高峰大漢陽峰才一五四三公尺，牯嶺才一二四九．一公尺。夏天氣候之所以涼爽宜人，一方面是濃蔭蔽日的樹木，最主要的還是變幻莫測的霧。

廬山的霧說來就來，說散就散。明明麗日當空，轉眼間就雲自山頭起霧向脚邊生，而又必然帶來一陣淅淅瀝瀝的小雨，使你遍體生涼。霧來時你看不見別人，別人也看不見你；霧去時又是清明世界，朗朗乾坤。樹木經過雨水一洗，更是青翠欲滴，山色如畫，遠眺近視，妙趣橫生。「老廬山」出門一定帶傘，初遊者往往被一陣幾分鐘的雨弄成「落湯雞」。

看霧以「仙人洞」最妙。仙人洞上依絕壁，下臨深谷，霧自谷中升起，如波濤洶湧，排山倒海，瞬息之間，群山皆不見，萬木無蹤影，對面不見人，只聞笑語聲。霧一爬上絕壁，又消失得無影無踪，一切都恢復本來面目，如出浴美人。有時霧從絕壁之上，劈頭蓋腦地飄下來，帶來一陣急雨，墜入深谷又化作一縷輕烟，轉瞬不見。這種變化無窮，來去無蹤的霧，調節了廬山夏天的氣溫，使你不覺得燥熱，而涼生肘腋。

看雲以含鄱口最好，下面是碧波浩瀚的鄱陽湖，上面是青天白日，中間懸着一層白絮。人在雲層之上，又能上下一覽無餘。

山水，山水，好山應有好水。若論山水之勝，廬山應推天下第一。它面臨中國第一大江長江，背依中國第二大湖鄱陽湖，而它本身又是處處流泉瀑布。山水之妙，非拙筆所能形容，還是看看古人的題詠。

先看閔麟嗣的三疊泉詩：

「飛流直下總雷同，別擬奇觀五老東。似有哀猿啼峽雨，惜無高閣聽松風；神仙自戲青冥上，珠玉如生曲折中。俯視更須臨絕頂，芙蓉天半路蠶叢。」

三疊泉是廬山的名瀑，自五老峰後三疊而下，聲勢雄壯，震耳欲聾。瀑布水俗名馬尾泉，又是一番氣象。形如馬尾，自懸崖絕壁臨空而下，十分壯觀，烏來的瀑布眞是小巫，不可同日而語。李白的兩首詩寫得最好：

日照香爐生紫煙，遙看瀑布掛前川；飛流直下三千尺，疑是銀河下九天。

西登香爐峰，南見瀑布水，掛流三百丈，噴壑數十里。欻如飛電來，隱若白虹起；初驚河漢落，半灑雲天裏，仰觀勢轉雄，壯哉造化功！海風吹不斷，江月照還空。空中亂潨射，左右洗青壁，飛珠散輕霞，流沫沸穹石。而我樂名山，對之心益閑。無論漱瓊液，且得洗塵顏，但諧夙所好，永願辭人間。

瀑布水在香爐峰之下，秀峰寺和歸宗寺之間，離秀峰寺最近，面向鄱陽湖，遠在星子縣城即可望見，而且如在目前。李白的「飛流直下三千尺，疑是銀河下九天」。雖嫌誇大一點，但可見其長。

度峽捫青玉，臨淵坐綠苔。水從双劍下，山挾兩龍來；春暖花驚雪，林空石迸雷。塵纓聊此濯，却去首重回。

這是米芾寫龍潭的詩。龍潭就是瀑布水注成的深潭，詩中所提的青玉峽，双劍峰都在附近，廬山山南風景之奇秀，以此一帶最著。

靈湧直與上天通，借路來從五老東。試倚欄杆敲拄杖，爲君喚起玉潭龍。

這是張孝祥寫玉淵的詩。玉淵在棲賢寺前，潭水碧綠，深不可測。大約民國二十二三年間，有一美國人躍下游泳，一沉不起，葬身潭底。

廬山的著名瀑布和潭水，當然不止於此。如黃龍寺的黃龍潭，烏龍潭，和五乳寺後的瀑布，以及其他許多勝水，不能一一引述。再引幾首古人寫山的詩：

翠黛雲裳絕世容，聯肩秀立兩芙蓉；二喬都得英雄婿，不信名山老佳儂。
雲裡七賢偏冷峭，天邊五老太龍鍾；彭郎可嫁無媒說，待字年年姊妹峰。

這是曹龍樹寫姊妹峰的詩。在歷代詩人題詠中，我最喜歡這兩首。就詩論詩，風流蘊藉至極，而最難得的是他將廬山名勝「七賢」，「五老」，「姊妹」諸峰，甚至小姑山都天衣無縫地寫入詩中，且各有妙喻，把它們完全人格化了。

「姊妹峰」也是在秀峰寺和歸宗寺之間，又名「姊妹石」。形如兩姊妹聯袂而立，鬼斧神工，雖大畫家亦無此妙筆，在暮靄中或濃霧中遠眺，眞如兩位仙女，騰雲駕霧，冉冉升上高峰。

唐朝大詩人李白，最愛廬山，而且有與此名山終老之意。除了詠瀑布水詩，已見端倪之外，詠五老峰詩亦有此種表示。

「廬山東南五老峰，青天削出金芙蓉；九江秀色可攬結，吾將此地巢雲松。」

從前交通不便，李白能暢遊廬山名勝，雅興眞的不淺。蘇東坡，蘇轍也是足跡遍廬山，吟詠亦多，蘇東坡詠廬山詩對廬山的「峰」，「嶺」有獨到的認識：

「遠看成嶺側成峰，遠近高低各不同。不識廬山眞面目，只因身在此山中。」

廬山的山水之秀，歷代詩人題詠極多，從以上所引的少數詩中，已可見其梗概。廬山之所以名震中外，除了山明水秀之外，古蹟之多，也是它獨擅勝場的地方。「南朝四百八十寺」，廬山就有不少。例如棲賢、萬杉、秀峰諸寺，都是紅牆大山門，氣象森嚴，遠非臺灣廟宇可比。

廬山雖為避暑勝地，但春秋多三季景色奇佳，可惜大多數人無緣欣賞。際茲溽暑，揮汗如雨，想起廬山，重溫舊夢。但願有朝一日，重歸故鄉，終老此山。

雲人註：台北縣板橋林育[illegible]女士看了我的表弟蕭小龍之白雲青山之稿後，曾專程去我故鄉九江廬山旅遊了一次，她打電話告訴我，我才知道。但經過文化大革命浩劫，廬山已非我少年時所識的廬山，今隨開放探親之後，我率在台子女回鄉掃墓祭祖之後，去遊廬山，子女看我於斯，我卻欲哭無淚。

民國九十七年二〇〇八年七月十四日雲樵後記

雪天的懷念

入冬以來，迄未大冷。只有兩三天氣溫在十度左右，彤雲密佈，寒風凄凄，頗有下雪的樣子，但是沒有下雪，臺北大概永遠不會下雪。但這種天氣如在大陸，必然下雪。「近水知魚性，近山識鳥音」，我們這些來自大陸的人，對於雪天的徵兆，自有預感。大陸的老農，從來沒有聽過氣象預告，但他們本身的經驗，比氣象所的預報還準。

臺灣雖然也有下雪的地方，但在高山之上，平地人終生也難見雪。五六年前冬天，曾經去過大雪山一次，看見石頭上一團殘雪，大家如見親人樣的圍着拍照。可是那團雪實在不夠意思，不過慰情聊勝於無而已。

雪天之所以令人懷念，是有它全部過程和情趣的。先是北風呼呼，彤雲密佈。光禿禿的老樹，棲着點點寒鴉，縮頭縮頸，不敢哼聲。大北風颳過一兩天之後，就會平息，風停的時候可能是在黃昏，也可能是在夜晚，風停後雪才會下，初雪時多半是粗鹽般的雪子，打在瓦上叮叮噹噹，清脆悅耳；雪子下了一會之後，漸漸變成六角，落地較輕，最後變成鵝毛般的雪片，或是小棉花條一般，彼此糾纏，瀟瀟灑灑，落地無聲。往往一覺醒來，屋上地上已經積雪數寸，一片雪白，變成一個粉粧玉琢的世界。其實「粉粧玉琢」尚不足以形容其潔白，世界上沒有一樣東西足以與它相比。

雪深數寸乃至一兩尺以後，那是一種怎樣的景象？如柳宗元的五絕所寫：「千山鳥飛絕，萬徑人蹤滅；孤舟簑笠翁，獨釣寒江雪。」前兩句適於有山的地方，後兩句適於有水的地方，而對於長江兩岸則是一種絕妙的雪天寫照。

長江兩岸，洞庭、鄱陽湖濱，是魚米之鄉。「孤舟簑笠翁，獨釣寒江雪」的情景在故鄉雖不多見（故鄉魚太多，沒有人釣），但雪天却是魚出產最多的日子。寒冬臘月，長江水位最低，有漁船的人家，有專門釣魚的排鈎，這種兩寸多長的大鈎不是鈎而是掛。不管雪怎麼大，天怎麼冷，他們多半在傍晚時下鈎，天亮前取，三四尺長的鯉魚、鰱魚、青鯶、鱖魚、白魚，一條條地拉上來，往往一夜之間就可以發個小財。沒有鈎船的人家，都坐在家裏圍爐烤火享福，很少出門。

一場大雪，往往一個禮拜也化不了。下雪的時候並不十分冷，化雪時纔格外冷。冬天的花花太陽，熱力有限，每天所化的雪水，在屋簷上結成一尺多長葫蘿蔔一般粗的冰溜，一排排地掛着，亮如水晶。舊雪未消，可能又加上一場新雪，這樣一來，積雪就更深了。

「瑞雪兆豐年」，雪下的越大，農人心裏更加喜歡。吃的、喝的、燒的，早已準備充足，正好坐着享福。新炒的花生、蠶豆、紅棗片，又香又脆又甜，雪裏拔起來的白菜，蘿蔔，加上凍豆腐、鰱魚頭砂罐火鍋，再擺上半斤四兩高粱，吃飽喝足之後，不分大小，踢踢毽子，摸摸紙牌，或是坐在爐邊，捧着水烟袋，欣賞窗外的雪景，真的連皇帝也不想做。

在臺灣生長的人不但看不到柳宗元所寫的「千山鳥飛絕，萬徑人蹤滅；孤舟簑笠翁，獨釣寒江雪。」的雪景，也欣賞不到白居易的「綠蟻新醅酒，紅泥小火爐；晚來天欲雪，能飲一杯無？」的情調。怎樣的自然環境習俗，產生怎樣的文學作品，這是十分自然的事。

在臺灣能從電影中看到一兩個雪景鏡頭，也是一大安慰，電影本身好壞不管，一兩場雪景也就值回票價了。

[illegible]大陸錦綉河山，[illegible]，也是創作要素。年輕的一代，已無法認識中國的真面目，以大陸作背景的題材如何下筆呢？大陸的錦綉河山，是文學創作的沃土。自然環境的變化，也是創作衝動的原因之一，一年四季一個色調到底，連作品也缺少變化。

春遊阿里山

這次乘重遊墾丁公園之便，又值阿里山櫻花季節，決定歸途中上山一遊，事先由某軍張主任[redacted]代我訂好上下山來回車票，和阿里山賓館房間。三月二十二日上午八點，他又送我上中興號特快車，這種小火車相當整潔，來回票價兩百一十七元，上山需三小時四十分，下山需三小時二十分，以時間計算，不算太貴。如果沒有火車，上下阿里山那就太難了。

車過竹崎就一直爬山，中間經過四十八個隧道，最長的隧道六百多公尺，工程之艱巨可想而知。進入溫帶林之後，風景較佳，有深山氣象。火車經過足以象徵阿里山的神木旁邊時，特別停留十分鐘讓遊客觀賞。神木高五十二公尺，直徑四六六公分，材積五百立方公尺，壽命三千年，但已呈死象，廬山黃龍寺前面的兩棵「寶樹」，與阿里山神木同屬檜木，但那兩棵「寶樹」比神木高三四倍，眞是抬起頭來會掉下帽子，而且枝葉繁茂，四季常青，只是基幹稍小一點，而這兩棵寶樹下面尙有一棵同樣高大的銀杏，也是枝葉繁茂，高可參天，這棵神木如果再高三四倍，不是這麼光禿禿的，那就很好了。

火車蜿蜒爬到兩千兩百二十七公尺，才到阿里山車站。三個小時的行程，一點不覺得勞累，而且身上沒有一點灰塵，比起前一次坐老爺汽車遊墾丁公園要舒服乾淨多了。

× × ×

阿里山賓館和其他旅社都派人拿着他們的旗號來火車站迎接客人，我和住賓館的客人都隨着嚮導搭乘阿里山賓館的專車來到賓館。

賓館地點是吳鳳鄉阿里山香林村三號，特修有汽車路通達，如循石級路而下，亦不過十來分鐘行程。

賓館爲五層西式建築，外表美觀，內部亦甚考究，走廊、樓梯上下等處均舖紅地毯，房內拼花地板，床舖沙發都很高級，一切設備齊全，雖無碧瑤松林旅社那樣古色古香，但住得舒服，服務更非松林旅社可比。

賓館套房（三至五人）每天一千元，雙人房四百元，單人住三百元，單人房一人一百五十元，兩人住兩百元，榻榻米房三人兩百元，兩人一百五十元，團體房（十五人以上）每人六十元，一律另加小費一成，比普通旅社自然貴些，和觀光旅社差不多。

賓館內附設有相當漂亮的餐廳，除早餐供應西餐外，中晚兩餐都是中餐，早餐二十至四十元，中晚餐五十元，遊阿里山住賓館一天，每人連上下山車票食宿等費，總共約需五百元。一般旅客多爲上午八時上山，次日上午八時三十五分下山，下午二時上山，次日下午一時三十分下山。賓館爲配合旅客遊覽，每日上午九時，下午二時，都派嚮導導遊。

× × ×

我們遊覽的第一站是火車站土產店。阿里山土產店有十來家，小米也是特產，每小袋十元。此外尚有黃花，冬菰、菊花、木耳、筍乾、冬蜜等等。我在路邊樹下發現很多野生黃花，現在雖然沒有開花，但這種植物都是道地土產，大雪山、大元山都沒有阿里山這麼多，因此我認爲黃花才是此地特產。其他的沒有親眼看見，不敢斷定是不是阿里山特產？至於那些雕刻品，化學製品，則無一樣是此地特產，正如日月潭，烏來等地所賣的一樣，都是「泊來品」。一般價格比山下高，連黃花也賣八十元一斤，和臺北一樣貴，因爲是團體行動，不能掉隊，我準備遊完以後獨自來買。

離開火車站就去姊妹潭，這一帶樹木參天，環境幽美，姊妹潭裏的水已近乾涸，姊妹潭的故事嚮導也講不出所以然來，又買不到一本阿里山導遊的書，我不能隨便杜撰，只能說它是高山中的一潭水，如此而已。

隨後到北興初級中學和帝王廟，這所初中雖然規模小些，但深山之中，人口不多，能有一所初中，也就彌足珍貴了。帝王廟很小，正在興修，倒是附近的慈雲寺規模較大，而且還在大興土木，建造僧舍客房，將來完工，能在這裏住幾天倒很不錯。

看三代木是今天最後一個節目，所謂三代木並非那棵三代時的神木，而是第三代的樹木，即第一代巨木死了，生出第二代，第二代樹木死了，又生出第三代，從姊妹潭過來，看到不少漂亮的第三代樹，這裏又看到好幾棵三代樹，人生以二十年爲一代，三代不過六十年，樹木三代則以千年計，那棵三代時的神木已經超過三千年，從前人慨嘆「山中也有千年樹，世上尚無百歲人」，現在百歲人瑞雖有，但人的壽命比起樹木實在太短了，阿里山上隨便那一棵檜木，都比我們的年齡大，唐宋年間的樹木正不少呢！人實在渺小得很。

遊阿里山的最後一個節目，也是主要節目，就是上祝山看日出，下午六點向賓館櫃臺訂票，每人三十元，包括十元早點費在內。一個人旅行，晚上無人交談，也無人陪我夜遊，只好早睡。可是一床薄棉被，一床毛毯，一個人睡，不能保暖，頗有寒意，因此一夜都沒有睡好。四點半鐘，服務臺打電話叫我起來看日出，我馬上起來。盥洗完畢，就到樓下吃早點，外面正下着大雨，看樣子是看不到日出了。但既來之則看之，吃過早點我就上車，可是一摸口袋却找不到車票，大概是交早點券時把車票丟了。看日出對我來說不是什麼稀罕事兒，幼年在家鄉，幾乎天天看長江日出日落，後來又看過洞庭湖上日出，和中國海上日出，那種景象我領略太多，本來可以不上祝山，但我不願因爲天雨和丟了車票就半途而廢，臨時向司機補票，隨同大夥出發。

途中有不少遊客撑着傘步行上祝山，這倒是一宗雅事兒，可惜我無伴無傘，不然昨天我就不會買票。因爲早起運動已成爲我多年習慣，這正是一個運動和欣賞風景的好機會呢！

車到山頂時正好天亮，雨還未停，但已經有很多人站在海拔兩千四百公尺處等看日出，山頭被雲遮住，山谷的雲海十分壯麗，如一層大白棉絮安靜幽閒地舖在谷底，日月潭的晨霧不能相比，只有站在廬山含鄱口看鄱陽湖上的白雲，那種上面是蔚藍的天，下面是碧波萬頃的湖，中間飄浮着潔白如絮的雲海的奇景可以過之，在臺灣，也只有阿里山的雲霧可與廬山相比。昨天下午我們遊覽時就是身在霧中，霧中看樹，霧中看人，霧中看花都別有情趣，這種情趣這次在阿里山才重新領略，上祝山雖沒有看到日出，但在阿里山重新領略到霧中情趣，也就不虛此行了。

六點多鐘又返回賓館，這時已經雲散雨止，空氣十分清新，櫻花嬌艷欲滴，阿里山的櫻花開放得比陽明山遲，但櫻樹大而多，且不集中於一處，山上到處都有。賓館門前幾樹櫻花眞是繁花滿樹，妙在初放，如盈盈少女，眞個賞心悅目。而空氣之新鮮，尤非烟塵萬丈的大都市所能比擬。

阿里山的高度、氣候都和碧瑤、廬山近似，阿里山的檜木比碧瑤的松樹雄偉高大，山勢也比碧瑤更富有深山韻味。交通也比碧瑤方便，數臺灣名勝，阿里山可稱翹楚，是個耐人久住深思的好地方。

霧

霧是看得見摸不着的東西，特別富有一種朦朧美。說來就來，說去就去，不是踏着小貓的脚步，簡直是天上仙子舞動飄飄的衣袂。

我印象最深的是長江的大霧。冬天水淺，候逢大晴天，日出之前多有大霧。茫茫一片，三尺以外不見人影。航行在江上的大輪船，拉着悠長而沉濁的汽笛，不見船影，只聞笛聲，聽見那笛聲，就可以想見它是寸步難行，比拉縴的木船可能還慢。有的大輪船甚至在霧中擱淺，停好幾天才能走動。

霧中的笛聲有一種沉悶的情調，霧中的雁聲，却嘹亮好聽。長江兩岸有很多湖沼沙灘，江中又有不少沙洲，雁羣最多。天亮之前，雁就起飛，遇着大霧，飛得更低更慢，幾乎一竹竿都可以打到。但是看不清牠們的隊形身影，只聽見頭上嘭然鼓動空氣的沙沙聲。成千成萬的雁鼓動翅膀的沙沙聲，比雨打芭蕉和屋脊更好聽，而又有一種朦朧美。

重慶的霧也很有名，但我沒有聽見大輪船沉濁的汽笛聲和沙沙的雁翅聲，以及那聲聞於天的唳聲。

廬山的霧自然更是一大特色，但是冬天大霧不多，夏天卻時時刻刻有霧。夏天的霧又不是那種漫天大霧，而是倏忽而起，倏忽而滅，這個山峯起霧，那個山峯卻是一片翠綠，來得快，去得也快，穿簾入戶，從這個窗口飄進，又從那個窗口飄出，想擋它也擋不住，抓它也抓不着，眞的行蹤飄忽。出門時你看着是滿天陽光，轉眼之間你脚下就起了霧，它又會帶給你一陣毛毛細雨，因而遍體生凉。

在臺北住了七八年，很少看見霧，因爲起得晏，沒有這個眼福。近來每天早起，才知道臺北也是個多霧的地方，而且有大霧。十天之內我就遇見過三次大霧。幾尺之外，不見人影。汽車開燈，慢慢行走，彷彿海底的熱帶魚。

人在圓山頂上，彷彿身在天上。汽車的燈光，穿過濃霧，一片昏黃，只看見山下燈光緩緩移動，伴着喇叭聲和車子的嚓嚓聲，但是看不見車身，一切都在虛無縹緲間。

吸着淸晨新鮮的空氣，呼出一肚子的濁氣，霧在身邊飄移，眞有羽化登仙的感覺。

宇宙間並無天國，在大霧中作個地行仙倒可以辦到。霧裏看花更美，眞正登上月球一定會很掃興。身在霧中，倒能領略一些塵世以外的樂趣。

浮生小記

一、九死一生

二十七年夏天，我從家鄉逃到武昌投筆從戎，和堂兄的六七位同學住在大朝街一家旅館裏，第二天就遇上八十三架日機大轟炸。在這以前我從來沒有經過這種大場面，也不知道炸彈下是什麼滋味？初到武昌又人生地不熟，幸好電報局前有一個比較大的防空洞，我們慌慌張張地鑽了進去，一直鑽到洞中間，大約擠了上百人，空氣很壞，汗臭撲鼻，眞想再擠出來，硬是擠不動，不久就聽見像老牛喘氣地嗡——嗡——嗡——的重轟炸機的聲音，接着是嘘——嘘——嘘——的炸彈凌空而下，以及震耳欲聾的爆炸聲，地在跳動；防空洞像搖籃，左右大擺，泥土紛紛落下；心也快跳出口腔。從洞口衝進來的一股「彈風」，更使人透不過氣來。一批過了又是一批，源源而來，這一次未死，不知道下一次如何？末日的恐懼，使每一個人的牙齒咯咯響，渾身顫抖。連續地氈式地轟炸了一個多鐘頭，才解除警報。出來之後，發現洞口的警察受傷，房屋倒坍，到處冒着濃烟，人的血腥混合着彈藥味令人作嘔，屍體橫七豎八，所有的只能容納二三十個人的小防洞全部倒塌，洞裏的人都被活埋，唯一倖存的只有我們躲的那個防空洞。初出茅廬就遇上大難，這次眞是九死一生，以後一連三個月都不能安睡，突然聽見蒼蠅蚊虫的嗡嗡聲也會拔腿狂奔。

說也奇怪，經過此次大驚嚇之後，這五四十年來，無論遇着什麼驚險，我反而能處之泰然，決不驚惶失措。

二、程戡銘醫生

二十八年春天，我由湖南行軍到四川，在路上走了兩個多月，什麼八寶飯、强行軍、夜行軍，所有的苦頭都吃够了。夜行軍時伸手不見五指，往往邊走邊打瞌睡，露水常常將軍帽軍服露得十分潮濕，再加上身上的汚水，更是濕得擠得出水來。白天大太陽一晒，口又渴，水壺裏的水根本不能應付，於是以沿途山澗水解渴，在路上倒不覺得有什麼異狀，一到四川停頓下來，便紛紛病倒，恰巧當地發生霍亂，我們正好趕上，我便在這時突然病倒。我得的不是霍亂，而是傷寒。這時醫藥奇缺，連阿司匹靈也不可多得，遇上這種病醫官更是束手無策。於是堂兄和同學把我抬到十幾里路以外的石角鎭去找中醫。恰巧有一家藥店掛了一位中醫師的招牌，這位醫師就是當地人程戡銘先生。

程先生大約四十歲左右，中等身材，不胖不瘦，是跑過碼頭的人。堂兄便將我安置在隔壁人家裏。初次看病是五毛錢脈禮，五毛錢藥費，自然不貴。但我們雖是學生，却只領二等兵的薪餉，大家都沒錢，這種病又不是一次兩次可以看好的。程先生知道我的情形之後，便不收脈禮，藥店不是他開的，藥費照付。那時我病得暈頭轉向，也管不了這些，一切由堂兄張羅。診了十多天，都無法退燒，我的身體一天天衰弱，堂兄和同學都很焦急，程先生也很納悶。後來程先生開了一劑猛藥，服下之後，當天晚上我是悠悠蕩蕩，死去活來。第二天天剛亮，程先生就跑來看我，伸手在腦殼上一摸，鬆了一口氣說：

「不要緊了。」

堂兄問他是怎麼回事？他說：

「昨天我下了一副虎狼藥，活也是它，死也是它。總算你們祖上有德，這位老弟有點造化。」

後來我慢慢好轉，我感謝他妙手回春。他鼓勵我說：

「老弟，以後好好地幹，個把軍長沒有問題。」

那時我不懂看相，他似乎很內行。可是事實證明，他看走了眼，我走上了相反的道路，而且一事無成，別說兩顆金星的軍長。（那時劉湘、劉文輝都是兩顆星的軍長。）

自那次大病以後，[redacted]十[redacted]年來我一直沒有生過大病，而且似乎越老越健。和我同時生病的同學，當時就死了好多個，而我的堂兄也早死於[redacted]，穆甚銘醫生大概也早作古人，但他永遠活在我的心裏。

三、絕處逢生

三十一年夏天，蕭山日軍沿浙贛鐵路向西進犯，南昌日軍則沿撫河南犯。那時我在南城一所中學教書，時正傾盆大雨，連下數日，砲聲與雷聲合唱，分不清那是砲聲那是雷聲？當時大家都以為臨川未丟，日本人不會來得這麼快，逃不逃都遲疑不決。那時我的大女兒才一個多月，內人腳又燙傷未癒，也不願離開母親。我因為受過[redacted]軍事教育，知道「兵貴神速」，「出奇制勝」的道理，加之我性急，說幹就幹，說走就走，決不婆婆媽媽。所以大雨一停，我就帶着內人女兒上路。剛過李坊營，日本騎兵就從宜黃那邊包抄過來，在我後面千千萬萬的難民，不是跳河，就是被日本人趕回南城，那次死亡的人難以數計。我正暗自慶幸，早走一步，逃脫虎口。否則不會活到今天[redacted]。

第二清早便從南豐出發，向廣昌逃。在路上遇着一對從宜黃方面逃出的夫婦，帶了一個四五歲的男孩子，他們身上沒有什麼錢，那時我身上有四百塊關金，這是學校解散時以米條子換來的。那時教員薪水以米計算，平時學校不全部發放，存在一家米行，這家米行同學校負責人暗中勾結，等到時局緊張，學校才發米條子，這時誰能挑着米逃難？因此只好照低於平時一倍以上的賤價賣給米行，我所得的便只有這點數目。這眞是救命的錢。

那對夫婦和我們在一塊吃了一頓午飯，走了一段路之後，就撇下我們趕到前面去了。因爲內人從未走遠路，又抱着大女兒，走走停停，我們就落後到底了。這時從前方敗退下來的四川部隊，沿途用手榴彈炸魚，隨便開槍，老百姓的鷄鴨一籠籠地挑在步槍上，紀律之壞，情形之紊亂，無以復加。我在四川部隊就過半年時間，我知道今天凶多吉少。天黑時，他們在一個有二三十戶人家的小鎭駐紮下來，我們連一塊棲身的地方都找不到。我帶着內人女兒在路邊徬徨，前後都不見人影，更沒有一輛車子經過，眞是天地雖大，竟無我容身之所，距離廣昌還有二十里，又餓又疲，怎麼走得到？這時突然有一部軍車從前方風馳電掣而來，眼巴巴地望着它從我面前急馳而過。眞沒有想到，它突然在前面二三十公尺外停了下來，我本能地拖着內人跑了過去，司機正用油桶在路邊溝裏舀水，加水，快加完時我也跑到，我請求坐在前面押車的上尉順便帶我們到廣昌，萬萬沒有想到這位上尉竟是小同鄉；因爲敝縣人當軍人的極少，他一聽我開口講話，就笑着接腔，指指車後，要我們上去。這眞是絕處逢生。不知道是靑天有眼？還是我祖上有德？我自己是沒有造化的。

四、災星與救星

到廣昌後，找到了一個亂七八糟的客棧棲身，想不到在這裏又遇到了那一對夫婦，彷彿他鄉遇故知，他們要我們在他們的房間外面這一間住一夜，其實連門都沒有，算不上房間，他們就走我們這一間出進。

因爲天氣太熱，我要洗澡，叫內人在房裏照顧東西。洗澡回來之後在褲子口袋一摸，四百塊關金不翼而飛，內人卻和那位太太在外面乘涼，那位先生不在，當時在客棧搜了一陣，什麼也沒有搜着。兵慌馬亂，身上一文不名，非同小可，我上街去想碰碰熟人，熟人沒有碰到，卻碰見那位先生揹着一大包滷菜和一瓶酒回來。我心裏起疑，中午在路上他們吃飯的錢都成問題，現在怎麼這樣闊氣？但是我放在心裏沒有講出來。

第二天一大早他們就先走了。走後我才對內人說錢是他們偷的。我問她爲什麼不照顧東西出去乘涼？她說是那位太太邀她出去的。她中了調虎離山之計還不知道，在她眼裏天下沒有一個壞人。

所有逃難的人都走了。我一文不名。餓着肚子無精打彩地走到車站，希望搭上去寧都的便車。車站沒有什麼人，更沒有一個熟人，稽查處的人看我們在車站漫無目的地轉來轉去，有位先生好心地問我是怎麼回事？我把經過情形告訴他，他答應替我找便車，因爲車子都要經他們這一關。等了一兩個鐘頭，終於等到了便車，而且他們送了我三十塊錢上路。

萍水相逢，想不到被蛇咬了一口，又想不到被好心人仗義相助，渡過了一大難關。那幾位先生到現在我還是感激的。

五、湯先生

到寧都之後，盤算身上的錢，不够住一夜旅館，而且有錢也找不到旅館，到處住得滿滿的。一下車就徬徨無主。這時有一位瘦瘦高高，穿着白大布汗衫，短褲頭，髒兮兮，手上抱着一個一歲多的男孩的三十左右的男人走了過來和我搭訕，一開口才知道又是小同鄉。在家鄉我們都不認識[redacted]。我是逃難到此，不足爲奇，我問他：

「你怎麼抱着孩子在車站轉來轉去？」

「在家裏無聊，隨便出來轉轉。」他說。

「這麼多人，你怎麼看上了我？」

「我也說不出來。」他笑笑。

他要我到他家裏去住幾天，我不能客套。他家裏又潮濕又陰暗，太太身體又不好，可以想像得到他很窮，但他居然對我伸出援助之手，這又是我沒有想到的。

在他家裏住了[redacted]，我就懷着朝聖的心情去贛州了。

他是一位貧窮的好心人，姓湯，名字我[redacted]。勝利後我回家時曾打聽他的下落，他並沒有回去，現在事隔[redacted]十多年，更不知道他生死如何了？

我所看過的好戲

幼年時偶一聽見胡琴的聲音，便狂喜不禁。那麼兩根絃子和馬尾一來一往，就能發出那麼美妙的聲音，眞是不可思議。但由於地域的關係，却很少聽到琴聲，更看不到平劇，父親會吹簫、笛，但不會拉胡琴，所以「此曲只應天上有，人間難得幾回聞。」看漢戲的機會倒是不少，但年紀太小，不懂「文戲」，只能看看「武戲」。我不知那些漢戲班子是什麼字號，但大人們却能站在臺子下面看三四個鐘頭，讚不絕口，那些短打戲的精彩，一直到現在我還沒有見過第二次，跟斗翻得又快又高，眞是落地無聲，從五六張桌子上翻下來，像飛燕落地，在疊起的五六把椅子的空隙中鑽上鑽下，柔若無骨。老年人愛看末脚戲，年輕人愛看花旦戲，我這個還沒上學的黃口孺子，却偏愛這種短打戲。

年齡漸大，進城上學後才看到京戲，但還不知道好壞。抗戰時在後方，看京戲的機會特別多，但都是海派。最少老生一行是麒派的天下，每一位頭牌老生的打泡戲都少不了「追韓信」，大街小巷總有人在哼哼唱唱「好一個，聰明小韓信……」給我印象最深的一位麒派老生是劉鳳池，這人的身材，扮像，都很帥，嗓門之高之衝，到現在我還沒有看到第二位，胡少安還差得遠，因為胡的嗓子遠不如他的宏亮，他還稍稍帶點沙音，唱老生實在過癮。他每到一處必然轟動，他的蕭何和喬玄以及掃松下書的張廣才，尤其叫座。雖然「過火」，卻偏有人愛看，就是在今天的臺北，他也一定非常叫座，票房紀錄一定超過胡少安。可惜抗戰末期在江西寧都被人刺殺，那時不過四十多歲。

勝利後我想辦法到上海工作，一方面是看看十里洋場，一方面是想看看名角兒的戲。在上海八個月，我的工作十分清閒，每天下午一場電影，晚上一場京戲，這幾乎是固定不變的節目，星期天也是如此。

那時在上海天蟾舞臺唱的是老生李宗義，青衣鄭冰如，「文藝坤伶」白玉薇（現在臺北）也唱過。李宗義的嗓門也高，他和鄭冰如的三娘教子，旗鼓相當，水準自然在後方伶人之上。在皇后戲院唱的是票友下海的老生紀玉良，青衣是言菊朋的女兒言慧珠，童芷苓也在這裏唱過。紀玉良雖是票友出身，可是唱得實在很好，一派京朝角兒的風範，可惜身材矮了一點。加之言慧珠身長玉立，兩人唱對兒戲高矮就不十分相稱。聽起來倒眞夠味。

言慧珠的身材臉型都很美，眼神十分靈活，嗓子甜潤，在梅蘭芳的女弟子中應是第一人。她在雙姣奇緣中一趕三，最後去劉媒婆，幾句唱腔，眞有乃父韻味，是一個聰明絕頂的女人。這時他不但在紅氍毹上十分得意，還先後傳出和男明星白雲，作家徐訏的桃色新聞，芳名眞是響遍了十里洋場。現在聽聽她的「生死恨」唱片，還覺得她是最有「梅味」。

麒麟童是名角中最先正式唱營業戲的，他在黃金大戲院，青衣[redacted]是王玉蓉？黃桂秋也在這裏唱過。

因爲在後方看麒派老生看得最多，對於這位麒老牌自然嚮往，尤其是「追韓信」，彷彿我到上海的目的就是要看他的「追韓信」。

麒派戲一向被人批評過火，但是麒麟童自己唱的追韓信一點不臉紅脖子粗。麒的身材是最好的老生料子，扮相極佳，臺風穩健之至。追韓信時他從門簾後面一走出來，揚着馬鞭，兩眼東張西望，滿臉焦急憔惑，身子搖搖晃晃，嘴裏唱：「催馬加鞭迷了道啊——」沙啞的嗓音，有氣無力的樣子，傳神之至。只看他這一亮相和聽他這一唱腔，就「値回票價」。麒派老生沒有那一個有他這份造詣，這是麒麟童的典型之作。其他如「煤山恨」，「文素臣」等戲，有點像話劇對白，看到半途我就走了。

乾旦黃桂秋的戲的確唱得很好，但始終不如坤伶言慧珠她們叫座，上海人稱他是「霉旦」。這可能和搭配有關，或是黃金戲院「風水」不好，連麒麟童自己唱也賣不到八成座。武生高盛麟好像也在這裏唱，他的「挑滑車」是我看過的武生戲中最好的。

天蟾舞臺曾經演過一臺最好的義務戲。[illegible]是為教師義演的，到現在我還記得的戲碼是「重慶梅蘭芳」楊畹儂的「春秋配」。楊的扮像並不好，唱得不錯。

給我印象最深的是馬連良和趙培鑫的戲。馬連良是久已想看的名角兒，趙培鑫這個名字我還是第一次聽見看見。在「草船借箭」裏馬連良飾魯肅，趙培鑫飾孔明。他們兩人搭配之佳，迄未再見。趙那時不像現在這麼清瘦，扮像極佳，臺風也好，那時他唱的是馬派，也很耐聽。

馬連良的確名不虛傳，他的魯肅瀟洒儒雅極了！臺步之美，表情之佳，簡直出神入化。在這種地方即使是一個完全不懂藝術的人也會知道什麼是藝術了。在「借東風」中他演孔明。這是他的拿手傑作，這次又特別卯上。在簾內唱「習天書、玄妙法、猶如反掌……」彩聲如雷。而最好的一句唱腔是「諸葛亮在壇臺觀看四方」唱到「看」字猶如刀切一般，斬俏極了！這一句使全體觀衆如醉如痴，比他以前灌的唱片不知好聽多少倍？散場以後，戲院門口、電車上、汽車上，觀衆還是如醉如痴地哼哼唱唱，琢磨這句唱腔，這時你才會領悟到藝術的感染力量有多大？可惜那次的「借東風」已成絕響，既聽不到錄音，也聽不到唱片，如果有唱片，一千塊錢一張我也要買。那夜「借東風」唱完以後，後臺就有法院的傳票等他，因為他到「滿洲國」去唱過戲。

很多人批評馬連良是大舌頭，但他這天無論唱、白一點也沒有這個毛病。他的「審頭刺湯」道白之漂亮，語氣之傳神，無人能及。小疵不掩大瑜，馬連良的藝事是可以獨樹一幟，作後輩示範的。

抗戰八年，梅蘭芳蓄鬚明志，沒有唱過戲，在上海人的千呼萬喚當中，才在南京大戲院登臺。首日是「四郎探母」，不管觀者如堵，怎麼擠破了頭，我也決不會錯過這個機會。

梅蘭芳到底是梅蘭芳，一進戲院，氣氛就大不相同，全場鴉雀無聲，屏聲靜息地聽。和他配四郎的是票友王琴生，王琴生和紀玉良的藝事在伯仲之間，如果能和馬連良唱這齣戲那就更好。

梅蘭芳這時已五十出頭，扮相不如少女之柔嫩，但臉型十分中看，一舉一動，都是大家風範，尋死尋活，撒嬌裝痴的做作，細膩之至，眞的女人也做不出來。我也沒有再看到任何乾旦坤伶有那種做作，唱功不必說了。

飾蕭太后的芙蓉草也是一絕，那種豪步唯他獨有。他的蕭太后我看過好幾次，這次也最賣力。

特別使我刮目相看的是小生姜妙香。以前我看過他的「打侄上坟」，「棒打薄情郎」許多窮生戲，又老又醜，十足班底相。可是這次他飾楊宗保，而且是從別的戲院趕來，精神抖擻，衷氣充足，幾乎一句一彩。名角到底是名角，一旦使出殺手鐧，還是不同凡響。顧正秋徐露反串楊宗保，唱的雖也響過行雲，但難免雌音，沒有姜妙香那種「小生味」。姜妙香的楊宗保也是一絕。

來臺灣以後，看戲不多。金素琴的「生死恨」，章遏雲的「鎖麟囊」，比較滿意。鬚生只有票友趙培鑫我才想辦法買票看。趙培鑫在臺北第一次公演「失空斬」，「捉放曹」，我沒有看到，但一聽到他的錄音，我特別高興。他的唱腔不但在臺灣不作第二人想，即在大陸名角中，亦少出其右，將他的「捉放曹」和譚富英的「捉放曹」比較來聽，自然覺得譚富英不過是個伶工，趙培鑫則唱出了書卷氣，這最爲難得，雅俗之間不可以道理計。「失空斬」的唱腔也够人琢磨的，他這兩齣戲在所有的伶票中我獨偏愛。直到他自港率領投奔自由的坤伶譚硯華來臺時，我才有機會在兒童戲院看到他的「失空斬」，可惜嗓門已經不如從前，但韻味仍在。一擧一動完全大家風範，是够臺灣很多鬚生學的。他的另一齣好戲「洪羊洞」也在國光戲院看過。雖然嗓音未復，但無論唱做，已臻爐火純靑。

跟他來臺灣的譚硯華女士，我原先對他的期望不高，因爲他是第三個投奔自由的坤伶。以前看過的使我失望。可是一看到他的「拾玉鐲」，又使我大喜過望，拾鐲，趕鷄，身段之美，表情的細膩，前所未見。第二天再看「霍小玉」，更不同凡響。她雖然沒有梅派靑衣的嗓子，但是會唱、耐聽、臉上、身上全是戲，亭亭玉立的身材，如風中之柳，臺步如行雲流水，這許多條件的綜合，就產生了藝術，產生了美感。從這齣戲可以看出譚硯華的天才和功力，也是我在臺灣看的最好的靑衣花衫戲。譚硯華在平劇藝術上確有推陳出新的貢獻。

我沒有參加過任何票房，也沒有與任何名角來往，我的喜愛平劇完全出自天性。我雖然不是行家，可是無論伶票，只要他一開口，一舉手，一投足，我就知道他有幾斤幾兩。如果我自幼生（京）長北平，我的生命歷程可能不是現在這樣，大概不伶亦票，也許不會過這幾十百把塊錢一千字的生活。

罡人注：大陸變色後，小說家徐訏曾避難香港，一度來台北，有意居留，但台北養不起職業作家，他與姜貴因其同屬猴，長我十二歲。他是瘦高個子，面色蒼白憔悴，與他「浪漫才子」的小說大不相同，我們交談都很坦率，我笑問他和家慧球的韻事，他苦笑地回答：「現有那回事，是小報炒新聞。」我看他本人覺得是個倜儻君子，絕對沒有姜貴那樣世故深沉。他失意回香港之後，不久就過世了。這是亂世文人的悲哀！左右都難為人！

民國九十七年（二〇〇八）十二月十九日於紅塵一筆廬

談年

「大人望揷田，小人望過年。」這是故鄉的諺語。

揷田充滿新希望，大人把一株株秧苗揷下去，就彷彿看到一簇簇的金色稻穀，一倉倉一囤囤的財富。小孩子望過年的心情恰正相同。

過年雖然是臘月三十，可是一進臘月就嗅到了年味。臘月初八要吃「臘八粥」，這是年的序幕。「臘八粥」花樣很多，但不外紅棗、蓮子、豆類、大米、小米、麥、黍、高粱之類，總之湊成八樣就够。顏色既多，味道又好。小孩子多好吃，有得吃自然高興。

農業社會是秋收多藏，家裡倉囤已滿，自然有富足安全之感。半年辛苦半年閒，臘月正是最閒的時候。天晴時作點家務雜事，下雪時圍爐烤火，吃吃花生、豆子，蕃薯片之類自己種植的東西，閒話家常，享盡天倫之樂。

臘八以後，第一件事是辦年貨，香燭紙炮山珍海味都要辦足，大戶人家辦得早些，小戶人家辦得遲些，不管遲早，總是一擔擔從城裡往鄉下挑，菜總要準備吃到二月花朝。

猪肉和魚多半不必買。欄裡的猪早已養得膘肥肉壯，除了賣的總要留下一隻自己吃。一過臘八就有人家殺猪醃肉，一隻猪最少有一百多斤，裡裡外外都是自己吃，醃肉總要掛一兩竹篙，魚自己的塘裡有的是，一到臘月幾乎家家都把塘水車乾，塘底盡是魚，其中以鯽魚鯉魚最多，金色鯉最漂亮，五六斤重的多得很，一次可以弄好幾百斤。故鄉是魚米之鄉，魚又不用自己養，有水的地方就有魚，今年車乾了水，明年一下雨水又滿塘，魚又滿塘，魚好像永遠吃不盡。沒有塘的可以上街買，長江裡的魚更大更肥，大鯉魚比十二三歲的孩子還長，一隻二三十斤重，光是魚子就有好幾斤，又嫩又鮮，比臺灣的烏魚子好幾十倍。魚子、豆腐、蘿蔔火鍋，其味鮮美無比，在臺灣我還沒有吃過這麼好的東西。鯉魚在家鄉不算好魚，不過過年時一定要牠，三牲當中的猪頭，雞之外，就是鯉魚，這是祭祖不可缺的。提起祭祖的三牲也很有意思。猪頭上要留一撮毛，雞頭，雞尾，翅膀上也要留一撮毛，鯉魚也不能刮鱗，而且這三種東西每一種上面都要貼紅紙條。如果家裡沒養公雞，而以閹雞代替，但必須在閹雞腹內塞兩個丸子。母雞是絕對不能用的。「母雞還年」和「牝雞司晨」是一大禁忌。

臘月不但是大人休閒的時間，更是小孩遊樂的時候，而踢毽子又是重要的遊藝節目。其實踢毽子不僅是很好的遊藝，也是很好的運動。那怕是大雪天，天寒地凍，一踢毽子馬上全身發熱，棉衣自然穿不住，夾衣足够。不但小孩子熱中這種遊戲，大人也參加，而且當仁不讓。踢得好的人毽子像在腳上生了根，不會掉下來。踢的花樣很多，毽子也很考究，都是用公鷄或閹鷄腰部兩邊放亮的「毽子毛」，再用有孔的銅錢作底，用布包線紮。銅錢也有考究，大的薄的不好，以乾隆銅錢最佳。鷄毛毽子的好處是，彈性大，踢得高。不久前電視上曾舉行過一次踢毽子比賽，那種毽子不合格，鞋子也以棉鞋為佳，這樣踢的成績也會更高。

其他的節目是吹喇叭，打鑼鼓。

大人如果肯送一枝喇叭給孩子玩，小孩子比得什麼都高興，終日不停地吹，此起彼落，十分熱鬧，過年的氣氛顯得格外濃厚。

正月玩燈是要打鑼鼓的，臘月却是操練的時候。故鄉玩燈的鑼鼓是有曲牌，有韻律，有節奏的，使用的鑼鼓也有四五種以上，是一種大合奏，一面打，一面把小鑼拋向天空，然後伸手抄住，普通都拋到一丈多高、小鑼在天空旋轉而下，非常好看，因此必須多多練習，才不會掉在地上丟人。一到臘月，這種鑼鼓聲處處可聞，眞是臘鼓頻催，新年快到，我走遍大半個中國，還沒有聽到一處鑼鼓有故鄉的鑼鼓那種節奏美。

二十三送灶以前，家裡都打掃得乾乾淨淨。二十四是小年，有一頓吃。「二十七八，殺鷄宰鴨」。這次殺的鷄鴨是年三十吃的和祭祖的，醃鷄早就和臘魚臘肉一道先做了。

過年前幾天，又忙著寫對聯，這都是讀書人的事，所有的不識字或不會寫大字的人家，買幾捲紅紙，往讀書人家送，再冷的天也得把那許多紅紙寫完。我十歲左右就當了這個苦差，大門口的，中堂的，廚房的，臥房的，牛欄的對聯能記住好幾百副。寫得脚凍手僵，也沒有一點好處。彷彿這是讀書人應盡的義務。一到年三十，家家戶戶都把紅紙對聯貼起來，十分熱鬧，眞個是「一元復始，萬象更新」。

不管天氣多冷，年三十一定要洗澡，零下多少度的雪天，又沒有暖氣設備，洗澡眞要有好大的勇氣。可是洗過澡以後就一身舒服，再加上穿新衣，戴新帽，那份喜悅眞有點兒難以形容。

吃年夜飯以前必先祭祖。方桌子圍上紅絨布，上擺三牲祭品，祖宗位前點上三尺長的大香，大門口放着萬字頭鞭炮，然後按長幼尊卑次序行叩首禮，禮畢才正式開飯。滿桌都是雞鴨魚肉山珍海味。

吃年飯時禁忌很多，不許打破盌碟調羹，弄掉筷子，更不許講「死」字。小孩子嘴不穩，大人事先要特別囑咐。如果有人出門不能回家過年，桌上照樣要擺一雙盌筷，以示團圓。此外還要說許多吉慶話兒。如闔筍、多筍，不能叫「筍」，要叫「節節高」。魚也不能吃完，表示「歲歲有餘」。其實年夜飯的菜很豐富，魚也很大，自然吃不完。

飯後大人散壓歲錢，小孩子看見白晃晃的銀洋，個個眉開眼笑。一年到頭，就希望能得這筆壓歲錢。

這時還有一個最後節目，就是「辭歲」，晚輩要向長輩辭歲，東家來，西家往，打着有字號的燈籠在雪地裡行走也是一件賞心樂事。

禮教極嚴的家庭，平時長幼尊卑分得十分清楚。祖父輩的人物，平日對子孫不假辭色，晚輩畏之如虎，可是在三十夜辭歲以後，自然解除禮教的束縛，不分男女老幼，圍着桌子擲骰子，推牌九，打麻將，甚至賭寶，其樂融融。

半夜要「封門」，用錢紙貼封前後門縫，直到雞叫以後，天亮以前，才鳴鞭炮啓封。

初一清早第一件大事是去廟裡敬香，向菩薩拜年。由老年人領頭，帶着族中子弟，往往踏着一尺多深的雪去到廟裡磕頭。

去廟裡敬香回來，就成羣結隊挨家挨戶拜年。「恭喜發財」，「多福多壽」……之聲盈盈於耳。

初一到十五，是親戚朋友彼此往來拜年的日子，丈人家，外婆家是越早去越恭敬，往往一住十天半月，在這期間有牌有寶，有吃有喝，自然並不寂寞。

十五是燈節，其實從初十起就玩龍燈，一直玩到十五，十五是玩通宵，天亮以後才送龍王爺上天。

玩龍燈在故鄉是很莊嚴的事，寓有祭拜的意思。龍出行之前，先要請道士唸經，用公雞祭祀。道士把鷄頭掐斷，用紅繩繫緊，把鷄頭掛在龍嘴裡，把鷄血塗在龍頭上。祭祀完畢，才正式出行。送龍王爺升天也要敬香祭祀，不能馬虎。

元宵以後，才漸漸恢復正常，開始新的一年生活。

稀客

市遠無兼味　地僻客來稀

臺北是個鬧市，我雖忝為臺北市民，住的地方却很偏僻。坐公共汽車來往臺北，以中山堂為準，少則三十分鐘，多則四十分鐘，而我從家裏走到公共汽車站，正常的速度是二十分鐘。

現代人最怕走路，尤其是文人學士，視走路為畏途。但我對這二十分鐘的路程，却不在乎。二十年前，我曾經和幾千位與我一樣的青年人，從湖南的桃源，走到四川的綦江，翻過崇山峻嶺，穿越苗區。後來我在報館工作，由武人轉業為所謂「文化人」，在贛南那樣的山區，我曾經一天走過一百二十里路，而且是在日短夜長的隆冬季節，歲暮時候。所以直到現在我還保持着走路的習慣，除非為了爭取時間，決不坐三輪車和計程車。

可是有些搖筆桿的朋友，不知道是為了表示身份地位，還是走起路來兩肩一高一低，不大雅觀，動輒「三輪」、「計程」，甚至坐咖啡館一坐三兩小時，仍然留着三輪在外面候駕。雖然

[illegible]稿費不足抵付這樣的開支，但其「坐」如故。即使我偶爾興起，約他們到寒舍玩玩，大多是翻翻白眼望着我一笑：

「你那裏太遠了！」

由於這種緣故，蓬蓽無法生輝、甚至鬼都不上我的門。雖然我住在天主教公墓下面，與鬼爲隣。

可是事情也有出人意表者。

這一個月來，我「深居簡出」，幾乎和所有的朋友「斷絕往來」，想不到居然有人「拜訪」，而且一來就是兩位。

一天上午，我正伏案寫作，「太監」凱萊忽然汪汪地叫了起來，而且趕到籬笆門外叫，我走到門口，想把凱萊叫回來，沒想到牠看見我膽氣更壯，居然逼了過去，我再走到籬笆門口一看，發現兩個陌生人正畏縮地站在鄰居的籬笆門邊，我叫凱萊進來，牠却更起勁地向那兩個人狂叫，他們膽怯地問我：「咬不咬人」？我說不咬。

正當我準備退回來時，其中一個却突然對我說：

「張先生，我們來看你。」

這眞使我有點「受寵若驚」，因爲我完全不認識他們。但是我客氣地請他們進來，凱萊看見我招待他們也就不叫了。

我請他們坐下，又替他們倒茶，然後在他們對面坐下，我笑着對他們說：

「我們以前好像沒有見過？」

「因爲你是同鄉，所以我們特別來看你。」其中一個黑而較矮的青年說。

我問他們的籍貫，他們都說了出來，原來都是「老表」。

「你們怎麼知道我住在這裏？」我奇怪地問。因爲我不是要人，住的地點又偏僻，這兩位素昧平生的客人居然能找來，而且一下子就找上門，實在不容易。從前有位朋友在附近轉了半個鐘頭還沒有找到呢。

「我們早就去過長安東路看你，因爲你已經離開了，沒有看到。」仍然是那位發言人說。

是的，我離開那個單位已經兩年，想不到他們兩年以前就找過我了。

「那你們又怎麼知道我住在這裏？」

「我從一個工友那裏看到發給你的開會通知，所以才找到。」發言人說。

他這一說使我不能不佩服他們的神通廣大，因爲那份通知只發九個人，而發通知的那位老鄉又是在一個小巷子的第五層高樓上，很不好找。

他看我望着他，便望望我的桌上，把話題一轉：

「你這幾年出了些什麼書？可不可以送點給我們？」

「這幾年我很少出書，」我說：「以前的幾本書也是別人出的，我自已都要向書店買。」

「你可不可以寫張名片給我去看看別的同鄉？」發言人把眼光從桌上又移到我的臉上。

「我本人都不值錢，名片有什麼用？」我不禁笑了出來。

「最近不是要開同鄉會嗎？」發言人又問我。

「我格於規定，沒有參加過同鄉會，那只是一個晚會。」我說。

「你和××不是很熟嗎？」他提到那位發通知的鄉長的名字。

「昨天才第一次見面。」我坦白告訴他。

「張先生，我坦白告訴你，我們兩人都沒有工作，請你幫幫忙，介紹個把工作好不好？」發言人說。

「我那有那麼大的力量？」我幾乎失笑，因爲我根本沒有寫八行書的地位。我比他們也好不了多少。

最後他說出了他們的身份，我同情他們；我也說出了我的身份，他們也只好一笑，因爲他們知道我沒有說謊。

他們坐了一會便起身告辭，我又客氣地把他們送到竹籬門外，那位發言人突然停住對我說：

「一位同鄉送了我一點書，沒有賣掉，你有沒有法子？」

「我的書也都是人家送的，很少買。」我說。

「那你能不能幫我們一點忙？我們走了這麼遠的路。」發言人說：「我們是從臺中來的，連回去的路費都沒有？」

我聽了他的話就知道這是一篇短篇小說的結尾，他畫龍點睛地一點，點出了主題，也出現了高潮。我摸摸褲子口袋，沒有錢，他看我略一遲疑，便抖抖自己的褲子說：

「你看，我的褲子都破了？」

我只好轉身回家，從抽屜裏摸出菜錢，交給他說：

「對不起，這是明天的菜錢，我也只有這麼大的力量。」我笑着說，和他們兩人握握手，他們也含笑而退。

把他們送走之後，我覺得這眞是兩位不怕地僻路遠的稀客。他們姓甚名誰？我沒有請問，究竟是不是同鄉？我更不顧推敲了。反正人生就是這麼一回事，何況他們作得很漂亮，只是犧牲了我一點時間。

九姑

九姑，這位我淡忘了二三十年的女人，突然撞開了我記憶的窖門，披頭散髮地跑出來了。

九姑不是我的親姑母，她和我們是五服以外的本家，而且隔了一條長江。我們在這邊是大族大姓，她家在江北卻很孤單。我從來沒有去過她的家，不知道她家裡的情形。據說家境不壞，算得上中上等人家。但是他們倆兄妹時常到我們這邊來，並不是有求於我們，只是走動走動，親熱親熱。

她哥哥的年齡和她相差二十歲上下，絡腮鬍鬚大塊頭，不愛講話，拳脚上很有幾套功夫，常常替我們推拿跌打損傷，三兩次準好，他對九姑很嚴，眞有「長兄如父」的味兒。他到我們這邊來多半當天回去，頂多一宿兩餐。九姑一來却要住很久，彷彿女兒回娘家一樣。到我唸書時她就一直住下來，沒有回去過。

起初她住在隔壁一位堂兄家裡，後來和我家過往最密。父親好客，剃頭的，打鐵的，遊學的，過往客商，九流三教，他都願意招待人家一宿兩餐。九姑沾親帶故，更不必說。九姑對父親母親也特別親熱，直呼哥哥嫂嫂，沒有加上任何一個多餘的字。

九姑不是一個漂亮的女人，牙齒生得尤其不好，犬牙交錯，人家都說她滿口獠牙，命中帶煞，但是她的脾氣不壞，愛說愛笑，一點不討人厭，身體更好，兩頰嫣紅，脚也沒有裹斷，不但做粗事快捷了當，女紅也很精巧。綉花枕頭綉花鞋，以及裁裁剪剪，樣樣在行；她打的鞋底針線又密又緊，像螞蟻排隊，比別人做的要多穿一兩個月。她作客期間也很少空閒，農忙時幫忙打打晒晒，清閒時期手裡也不離針線。我家裡沒有多少事做，別人拜託她，她也概不推辭。我們那個社會作事不講報酬，尤其是女紅之類，正如敎書先生替人寫對聯，完全義務，頂多吃一頓飯。

九姑一兩年住下來，完全變成我們本地人了，連說話的口音也改變過來，這時她大約有二十七、八歲，我既沒有聽說她有丈夫，也沒有人向她提親。這樣大的姑娘不出嫁，那眞是天下奇聞。不過她好像並不緊張，一任春去秋來，若無其事。我年紀太小，並不覺得男人需要女人，女人需要男人，她這樣住下去我倒非常歡迎。

後來聽說壩房的大伯母和前夫生的大兒子王文經對九姑很有意思，九姑也很歡喜他。

王文經一向在大伯父家和我家來往。人很聰明風趣。他只唸過百家姓千字文這類啓蒙的書，可是後來他無師自通，看三國、水滸、紅樓、西廂、西遊記、七俠五義這些書，雨天和大家說書，讀粱山伯祝英臺唱本。此外他還會畫符唸咒。可是他太窮，只有三間破瓦屋，眞是家徒四壁，無田無地。農忙時他也做做短工，秋收以後他就替地方上打更，午夜夢回我常常聽見他敲着竹梆，在每一家門口敲三次，唱幾句，一方面趕賊，一方面驅邪。此外他就在菴裡廟裡做做雜事，或是幫人家辦辦紅白喜事。雖然窮，他還是笑口常開。可是他身體不好，一到冬天就氣喘，還會吐一兩口血。

因爲窮，三十來歲還沒有娶親，這也是少有的事。一般人早已兒女成羣了。

他和九姑都是打春的蘿蔔立秋的瓜，過時候兒了。也許是同病相憐？也許是情投意合？終於一個想娶，一個想嫁。王文經要父親撮合，父親自然願意，他審愼地私自探問九姑：

「九姑，王文經托我做個媒，妳的意思怎樣？」

「哥哥，我不能老住在娘家，這件事情隨你。」九姑說。

「王文經的情形妳淸楚？」

她點點頭。

「這是終身大事，他的身體也不大好。」

「我知道。既然他有意，不管是福是禍，我只好認了。」

雖然九姑自己願意，父親也不便作主，只好通知她胞兄。

她哥哥不同意這件事，而且要她回去。她不肯，她哥哥抓住她的頭髮就拖。他的力氣很大，一下把她拉倒。下雨天，他抓住她兩三尺長的頭髮，一口氣倒拖了二三十丈遠，地上拖成了槽，她咬着牙一聲不響。

我不知她哥哥爲什麼反對這件婚事？他自己沒有講出理由；我也不知道九姑爲什麼不肯回家？她自己也沒有說明。我父母也許知道，但是他們不講。

要想這樣拖着九姑上船，不是一件容易的事。我家離江邊有兩三里路，九姑不是香扇墜兒，她哥哥力氣再大也辦不到，她又死都不肯起來，率性賴在地上，她哥哥用脚踢她，她也不哼一聲。

我父親和大家團攏勸她哥哥，他無可奈何，臉青臉紫地朝九姑臉上啐了一口：

「好！賤人！叫春的貓！我們兄妹從此一刀兩斷！妳再回家我就打斷妳的腿！」

九姑一躍而起，她已經變成一個泥人，頭髮和泥漿纏在一塊，她大聲地回答她哥哥：

「好，哥哥，我從此斷了娘家的路，好歹我認命。」

她哥哥鐵青着臉冒雨回去。她披頭散髮，帶着一身泥回到我家。

兩個月以後，她和王文經結婚了。空空蕩蕩的堂屋點了一對紅蠟燭，沒有賀客，沒有酒席，冷冷清清，完全不像一般的婚禮，倒很像從後門進屋的寡婦再蘸。新房的一角磚牆頂上倒了兩三尺，王文經用蘆席遮住，冷風細雨絲絲地飄進來。九姑和王文經兩人都很高興，一點不以爲苦。

王文經笑着把我們幾個孩子趕出新房：

「烏龜兎子們快點滾出去，不准躲在床底下偷聽，小心我們的床板垮下來，把你們壓成柿餅！」

我們出來以後，他還故意低頭向床底下搜索。九姑笑着對我們說：

「乖，你們回去，改天我請你們吃紅蛋。」

她悄悄地塞了幾顆紅棗在我手裡，輕輕地把房門關上。

一年後，九姑生了一個白白胖胖的兒子，但是不到一個月驚風死了，她哭得很傷心。

兩年後，王文經吐血死了，她哭得更傷心。母親悄悄地嘆口氣：

「唉！九姑眞是黃蓮命，想不到又成了寡婦。」

大轟炸和撞車

我這半輩子，遇過不少危險的事，也有幾次逼到絕路上去，但有些危險當時並不覺得，事後才知道是千鈞一髮。如三十一年浙贛戰爭，我在江西南城洪都中學教書，日軍沿浙贛鐵路西犯，鷹潭已經失守，南昌方面敵人又向臨川進攻，陰曆五月端陽前後那幾天又下著傾盆大雨，從金華方面逃來的難民都麕集在南城不能行動，初七那天忽然放晴，難民便像螞蟻搬家，傾巢而出，我也決定走，但我的大女兒才兩個月，我內人一向優柔寡斷，缺少遠見，又捨不得離開母親，臨川還沒有失守，她的意思是等一兩天也無妨。但我決定了的事天王老子也無法改變，對她更不遷就。她沒有辦法只好勉強啓程，但我們沒有交通工具，連獨輪車也雇不到手。於是我背著簡單的行囊，她兜著兩個月大的女兒，跟在一大羣「螞蟻」後面慢慢行走。她沒有走過遠路，拖拖沓沓，十分急人。我當過[redacted]，知道兵貴神速，消息又不靈通，隨時會有變化，所以快馬加鞭，向前疾走。她沒有辦法，只好跟著追趕。走到李坊營時已經走了六七十里路，到了下午三四點鐘，才在這裏休息一下。一架日本飛機突然飛臨我們的上空盤旋，飛的很低，翅膀上的紅膏藥和飛行員的臉都看得清清楚楚。幸好沒有掃射，不然我們變成了活靶。驚魂甫定，我們又起來趕路，晚上到了南豐，才知道日本騎兵在我們走後不久，從宜黃方面迂迴到李坊營，切斷難民物資的退路，被攔住的千千萬萬的難民，投河的投河，趕回去的趕回去，亂槍打死的打死。如果那天我一猶疑不定，或是遲走三兩個鐘頭，我們決無生理。我內人膽小如鼠，嚇也會嚇死。當時我都沒有覺得危險，事後想起，不寒而慄。以後一連串的危險以及錢被人偷的精光陷入絕境，我都巧遇貴人，平安過來，事後想想才覺得可怕。此外如貝絲颱風，幾乎全家覆沒，看戲遇鬼等等，可以寫好多篇文章，但我只想簡單地寫出兩件事，表示我還活著。應不應該再活下去？活著究竟有什麼意思？（這可不是卡繆，沙特的存在主義）暫且不管。

第一件事是武昌大轟炸。

那是民國廿七年八月一號或是三號。我和其他七位同學剛從南昌逃到武昌，準備投考軍官學校，住在大朝街一家旅館裏。初到人地生疏，以前我又只看過三兩架飛機，沒有看過「下蛋」，不知道轟炸的厲害，而且那時才十八歲，實在是「少不更事」。那天中午放警報，和同學們一道躲進電報局門前的大防空洞。這是我第一次進防空洞。武昌的防空洞很多，但都是杉木支柱，上面蓋些泥土，一點也不堅固。當時是以湊熱鬧的心理進洞的。想不到沒有多久，飛機真的來了，而且聲音和以往聽的不同。那種「轟——轟——轟——」的聲音特別沉濁，比老牛臨死喘氣還難聽，有一種死亡的感覺。飛機未到上空地都震動，炸彈下來時「嘘——嘘——」的嘯聲令人心膽俱裂。一落下地，「轟，轟，砰——砰——」和房屋「匡郎匡郎」倒坍的聲音震得人都跳動，防空洞像個搖籃，搖來擺去，泥土紛紛落下，防空洞裏人人牙齒打顫，咯咯響，女人不停地唸「阿彌陀佛」，我從來沒有唸過「阿彌陀佛」，這時忽然唸了起來。

炸彈不停落下，由遠而近，聽見一個炸彈的嘘嘯聲，一個個接近，防空洞搖擺得更厲害，我閉著眼睛在想：「完了，完了，末日到了……」頭腦裏就是一座十八層地獄。

飛機過了一批又來一批，彷彿過不完。炸彈嘘嘘的落下，一陣陣令人窒息的強風從洞口逼進來，地在震動，防空洞在猛烈地搖擺，每一搖一擺都會突然轟隆一聲倒塌下來，把我們[illegible]活埋；那傾盆大雨般的炸彈，不知道那一顆給我們中頭彩？如果說眞有煉獄，那我們是在煉獄中熬煉。我們不是豬，但我有比在砧板上聽任屠夫宰割更大的恐懼。要是洞塌下來，我們會壓成柿餅，要是中了頭彩，我們會血肉橫飛，屍體四分五裂。

後來飛機雖然走了，但不許出來，也不敢出來，人塞在防空洞裏又悶了個把鐘頭。解除警報一響，都有再世爲人的感覺，走出洞口一看，洞口外死了人，站在洞口的警察也受了傷，外面的房屋十九倒了下來，幾乎每隔三五丈遠就落了一顆炸彈，到處是屍體，最慘的是小防空洞，不中頭彩也都倒塌，人都活埋，一死就是二三十個。

這次轟炸武昌一共有八十三架飛機，是抗戰八年日本人轟炸城市規模最大的一次，我剛好趕上挨炸。雖然幸而未死，但嚇得三個多月睡不著覺，一睡著就像有飛機轟炸，聽見蚊子的嗡嗡聲或是風聲都會拔腳逃跑，事後自己也不免失笑。所謂「草木皆兵」，「杯弓蛇影」，只有經過這種死亡的大恐怖才會體驗出來。以後遇著轟炸我不再那麼恐慌，和遇事鎮靜，方寸不亂，也可能是這次大轟炸中鍛鍊出來的。就是到了生死關頭，我也能提得起放得下，覺得沒有什麼大不了。

第二件是撞車。

這是五十五年十一月十日早晨七點五十分左右的事。那時我每天早晨都到圓山學太極拳，起初是搭第一班公共汽車，但已經稍遲，回來的時候正是上學上班的時間，不是擠不上車，就是過站不停，要等兩三班，我這一路車要三十分鐘才有一班，要多耽誤我個把鐘頭，時間犧牲太多，因此我買了一部腳踏車。有了這部車子，我能完全控制時間，每天早晨的運動來去以兩小時為限。

這天早晨我從圓山騎著車子下坡時，不知怎樣剎車突然失靈，它順著坡度一直往下衝，下面正是一個大虎口，臺北來的車子，士林來的車子，大直來的車子，都在這裏滙合，又是上班時間，公共汽車，卡車，轎車，計程車，一部跟著一部，川流不息。我看看要和臺北來的車子頂頭對撞，連忙把頭向士林方向一偏，斜衝了幾尺，我看看臺北來的一輛紅色計程車衝來，但沒有辦法閃避，雖然如此，我並不慌亂，我覺得我不應該這樣死，也還沒有到死的時候。撞就撞吧！計程車攔腰撞來，轟然一聲，我連腳踏車一齊彈飛一丈多遠，但我沒有倒下去，兩手還是握緊把手，只是車子落到地上身子一震。定神一看，前輪撞成了一個大元寶，我這才知道撞的很重，但我沒有覺得受傷，連忙把車子提到路邊，別人告訴我手在出血，我用毛巾一揩，只是左手虎口有一條不深的裂口，此外不覺得有什麼地方痛楚，我運動一下，手腳自如，也無內傷，司機看我安然無事，開車要走，我把車子攔住，請他把我連車子送到車行修理，彼此客客氣氣地分手。

據說這只有千分之一的生存機會，何況又是車輛往來如梭的虎口。但我沒有死，也沒有受傷，只擦了幾次自備的三馬藥膏，手也好了。

人到中年，不管成功失敗，自然會相信有些事情是自己無法主宰的。火箭專家能夠準確無誤[redacted]送人上月球，但他自己還是要跳樓自殺；醫生能救別人的生命，但他自己會死。不管歸於上帝也好，命運也好，都不能不承認一種看不見的力量。這種力量往往是能左右個人的。「死生有命，富貴在天」這種話不可盡信，也不可不信。

我不迷信，我也未皈依任何宗教。[redacted]在這種「太空時代」，[redacted]是[redacted]我愚笨的法則。我寧可與人搶來劍往，指著對方的鼻尖大罵，不管人家怎樣對我不起，我絕不存心害他，不喪陰德，不損人利己，這就是我的上帝。去年八月我也只差一步，掉進崖底下粉身碎骨。我無才無德，歷盡大劫小劫，而能安然活到現在，大概就是這個上帝的關係？

不夠藝術的生活

我是一個平凡的人，生活尤其平淡，與藝術二字相去甚遠。至於寫作，三十歲以前，完全爲了興趣，三十以後，大半爲了生活。也許有人以爲我也是「作家」，一定與衆不同。慚愧的是我和普通人並無二致，甚至比普通人更平凡，與「作家」的「生活藝術」相去更遠。

三十歲以前，也曾抽過[redacted]紙煙，但無[redacted]癮。當時我說戒自然就戒了，並無痛苦。[redacted]從未犯戒，不管見了什麼牌子的煙也不動心。

談到酒，平時我是滴酒不沾，但遇上了合適的朋友，或要好的同事聚餐，我也開懷暢飲，量也不差，越是高興，越能多飲。但是究竟有多大的量？我自己也不知道。因爲我從來沒有醉過，頂多喝到「微醺」即止。而這種「微醺」境界也是少之又少，因爲我從來不和別人拼酒，也沒有以「酒仙」、「酒聖」自居。大家高興時我就湊湊熱鬧，場合不對我就滴酒不沾，[redacted]。因此，不管在什麼喝酒的場合，我沒有「失態」、「失言」的紀錄，更沒有當衆嘔吐過，要人挾扶着走。酒好壞我可以品嘗，嘔吐的滋味則無所知。幾年前在馬尼拉喝亨奈西，因爲主人都是豪飲者，我們作客人的也不能太窩囊，爲了大家的面子，我多喝了一點，當時尚未到微醺的程度，但這種酒後勁足，回到旅館就不大對勁，睡了一夜，第二天早起頭還有點痛。這算是最厲害的一次。臺灣的酒中，我宜喝紹興和眞正的金門高粱。近年來身體狀況比以前更好，酒量似乎也隨着增加。金門高粱中如果加點中藥冰糖，浸上三兩個月，心情好，晚飯菜好時，獨自淺斟低酌，喝上一杯，其味無窮，飯量也更好。

跳舞打牌我都不會，也從來不想學。舞中最美的是芭蕾，最有益的也是芭蕾，但幼年時沒有機會學，現在就不必談。至於所謂交際舞，因爲我不愛交際，所以也不願學。打麻將幾乎人人都會，可是我就不會。在「國粹」當中，我對這件事最無興趣。因爲不會跳舞，不會打牌，所以朋友也就更少，連帶的，很多事別人行得通，我就行不通。

養魚、養鳥、種花，我都喜歡。家鄉是魚米之鄉，多年前我曾經在中副寫過「家鄉的魚」和「家鄉的鳥」，我對於牠們的想念，不下於親人。在臺灣，養魚、養鳥，都變成了一種職業，很少是專爲消遣欣賞。任何事一帶上功利思想，就沒有意思，談不上藝術。

臺灣的熱帶魚，種類很多，也很好看，可是太貴族化，也很難養，一般人養不起。我自然也辦不到。金魚是最普通的，我也養過幾次，放在案頭，看牠們在玻璃缸中游來游去，很有意思。大眼睛，大肚皮，紅綢般的尾巴，在在與衆不同，別具一格。更難得的是那種優哉游哉的神態。

可惜在玻璃缸裏養不長久，三兩個月就會死掉。我很想作個小魚池，多養幾種魚欣賞，但一直沒有地方。

由於從小愛鷄，十年前我[illegible]養鷄[illegible]。但這次養鷄完全是為了生活，心情一點也不輕鬆，雖然看着小鷄一天天長大，和生下第一個蛋時，心裡十分高興，但半夜裡起來照顧的辛苦，和聽見小鷄啄脚尖叫聲的驚心，以及停電的焦急，傷風感冒的憂慮……足以使人短十年陽壽。養鷄三年，苦多於樂，金錢的損失，時間的浪費，更不在話下。我在這方面的知識和經驗，最少可以比得上半個專家。但是我再也不想運用這種知識和經驗，[illegible]連養幾隻鷄玩玩的興趣也[illegible]了。

我養鷄失敗以後，臺灣又掀起一陣鳥風。我喜愛鳥，又躍躍欲試，「前事不忘後事之師」，養鷄餘悸猶存，終於使我遲疑下來，不旋踵間，養鳥的人統統栽了，這次我算是倖免於難。養幾隻金絲雀和畫眉玩玩，提着鳥籠蹓躂，聽聽牠們千迴百囀的聲音倒是人生一樂。可是這種鳥並不[illegible]也不易養，自己又沒有時間去照顧，雖然養鳥之念動了很多次，還是沒有養起來。希望不久能養幾隻千迴百囀的金絲雀和畫眉，[illegible]。

栽花木，種果樹，這倒是經常作的事。只要有一點空地，我一定栽上一棵花木或是果樹。我栽過茉莉、白蘭、茶花、玫瑰、菊花、一串紅、鳳仙、梔子花、石榴、桂花、曇花、大理花、蕃石榴、木瓜、葡萄、蘭花、聖誕紅、紫藤、薑花……但是由於空地[illegible]越小，我種的花樹果木也是幾經滄桑。多年前種的只留下一棵番石榴，一棵桂花和[redacted]。[redacted]到處[redacted]其他的都是[redacted]死的死，淘汰的淘汰，現在一部分種在大約兩尺寬、六尺長的兩畦花圃裡，大部份栽在盆裡。黃菊花培養得最多，去年在花店裡買了一盆盛開的菊花，花謝後我將根部新發的芽剪下插了十盆，還送了一部份新芽給鄰居插。菊花的生命力十分堅強，一兩寸長的嫩芽剪下後插在新的泥土裡，擺在陰處，接連澆幾天水，成活率百分之百，每天早晚搬搬花盆，澆澆水，看看綠葉黃花，不但賞心悅目，也是很好的運動。

提起運動，過去我並不注意。最近三四年來，我却無日不運動，我的運動不是打球，也不是游泳，因為那種運動往往受場地和人手天時的限制　現在的年齡也不相宜。我的運動是打太極拳西洋人稱太極拳為影子拳，中國芭蕾。幼年時我雖然學過幾個月的少林拳，但老師走了之後也就丟了，幾十年不再彈此調。怎麼到了中年忽然學起拳來？這是由於多年伏案寫作，夏天電扇直對着背後吹，吹出了毛病，醫藥無效，幾乎弄得半身不遂。朋友告訴我學太極拳，為了診病，我只好每天早晨五點多鐘爬起來騎着脚踏車到幾里路以外的地方去學，從不間斷，為了急於把風濕癱瘓診好，我比別人認眞虛心學習。果然三個月見效，三年把拳學會。不管天晴下雨，我一天也不間斷。太極拳的好處是不要多大的場地，室內也行。如果室內地方太小，可以不練架子，只作太極運動，也有同樣的效果，所以隨時隨地都可以運動，比練瑜珈術還要簡單方便。太極拳不但可以「有病治病，無病强身」，而且可以變化氣質，使人心平氣和。可是師承重要，如果所師非人，效果就要大打折扣。我自從學太極拳以來，不但風濕好了，身體反而比以前更强健，心情也好得多。現在這種運動已經變成了生活習慣，如吃飯睡覺一樣自然。運動出汗以後，馬上洗個熱水澡，在池子裏泡幾分鐘，實在是一種最好的享受。如果是早晨運動，一天輕鬆；晚上運動，也可以睡一個好覺。久而久之，就有一種柔軟如棉，身輕如燕的感覺。這樣自然產生眞正的快樂。最近我又加學靜坐，能否有成，現在還不敢講。

我的消遣除了種花、打太極拳外，聽平劇也是一個重要節目。可惜此地能聽能看的角兒很少，此間的平劇唱片新灌的極少，大多是拷貝的，但可聽的很多。有些百聽不厭，無論新腔舊調，都有其特色。音韻之考究傳神，詞句之典雅，充分表現了平劇藝術之千錘百鍊。現在所謂時代歌曲，歌詞之庸俗淺薄，不通音韻，不僅令人作嘔，已經到了令人忍無可忍的地步。如果說我不合時宜，這應該是最不能合的一件事。但我不勉强別人，也不勉强我自己，別人聽歌，我還是聽我的平劇。如果有比平劇更好的歌、舞、戲劇的綜合藝術，我會比別人更迷。欣賞藝術是一種享受，不是找罪受。不管西皮、二黃、倒板、原板、高撥子、南梆子……一拉一唱，就會悠然神往，如醉如癡。這是世界上的最高享受，不僅可以消愁解悶，實在是樂而忘憂。而這種樂又是「樂而不淫」，與披頭四、黑咖啡館大異其趣。

此外我還有個消遣的方法，就是研究人相學。古今圖書集成裏相學部份的幾十萬字，閒時翻翻，平時留心印證，很有意思。說來我遊藝於此道的時間已不算短，足有二十多年，對於人的瞭解，很有幫助。以後還想在命學方面涉獵一下，如此一則消遣，二則更可洞察人生。人棄我取，也是一樂。

游山玩水，當然也是賞心樂事。可是臺灣的山水名勝，我幾乎都遊過。「五嶽歸來不看山」，臺灣本來沒有多少山水可看，遊過之後自然更不想再遊。希望有一天能重回大陸，遊遍每一寸錦繡河山。大地方住三五個月，小城鎮三五天。周遊之後，再找一塊清靜的地方坐下來寫，不為稿費，不為發表，更不為裝修門面，這樣才能談到「藝術」。

我是個平凡的人，生活如此平淡，一點也不藝術。但願百年之後，能長眠故鄉廬山，長伴清風明月，看鳳尾森森，聽龍吟細細，落一個死的藝術，那就毋須再世為人了。

蝴蝶與「蒼天悠悠」

最近兩三年，無論任何刊物向我約稿，我都一概婉謝。我是強迫自己擱筆，有意把寫作這件事忘掉，經常使自己頭腦裏保持一片空白，希望做到喜、怒不形於色，哀、樂不藏於心，寫作的衝動自然沒有了。這其間雖然也在中副寫過三兩篇短文，但那算不了什麼作品，而其中還有一篇是遵守一位老友的遺言要我寫的。

今天我又不得不提起快要生銹的筆，自己犯了戒。我不能看着一團天才火花的熄滅而無動於衷，而吝惜三兩千字。

我本不認識李春陽，十年前滋蕃兄在香港寫信給我，要我給春陽的作品寫點評介文字，信後有春陽的地址。那時我正在養鷄，養得焦頭爛額。我抽空去看他，恰巧他不在。他租的房子是永和鎮竹林路路邊的一座危樓，看來搖搖欲墜，我留下一個地址交給房東。房東說不知道他什麼時候回來？他常常三五天不回家。想不到第二天他就來找我。

他從竹籬院子後門低頭彎腰進來，他又高又大，頭髮蓬鬆，鬍鬚看來也有好幾天未刮。他見了我第一句話就說「我是李春陽」，以後一陣木訥，我握着他的手把他帶進矮屋，他到處低頭彎腰，我沒有客套，他也滿不在乎。

「過幾天我就要走了。」他訥訥地說。他不是口齒伶利的人。

「那裏去？」我問。

「東部。」

「爲什麼要去東部？」

「不爲什麼？」他搖搖頭。「臺北我住不慣。」

我和他有同感，他也希望我去東部，但是我有家，不像他孤家寡人，兩肩擔一口那麼簡單。

在他去東部之前，他又來我家兩三次。他不會講話，有點口吃，半天才說一句，但他和我講的話都很實在。我的口齒雖然不像他那麼遲鈍，但是我也不會講假話。我們肝膽相見，無所不談。我一面餵鷄，他一面跟着我轉，我們的談話沒有一杯清茶、坐在豆棚瓜架之下那種詩情畫意，而是在充滿着鷄糞臭味的鷄棚裏。他告訴我一件很有趣的事，他說在大陸跟着部隊拖的時候，團長很賞識他，指定他作文墨工作，公事固然要他處理，情書也要他代筆，原來那位團長識字不多，寫情書更不內行。他只好硬着頭皮寫。有時團長高興就笑着對他說：「你小子眞行！」有時觸了霉頭，就衝着他吼叫：「你小子飯桶！給我跪下！」他寄人籬下，自然俯仰由人。

他去東部後，來信很勤，這時我纔知道他有肺病，暗自替他耽心。這時臺北有一個大型文藝刊物，水準高，稿費也高，編者要我向他約稿，我也覺得他養病需錢，勸他寫幾篇來。過了很久，他寄了一篇一萬多字的短篇來，我轉交給編者，隨即採用。幾個月後，他說稿費還沒有收到，我問編者，編者說「寄出去了。」我信以爲眞。後來他又來信說沒有收到稿費，我向出納查詢，出納苦笑着對我說：「墨人兄，你不必再問了，××還有一屁股爛帳在我這裏呢！」後來這個刊物自然垮了，春陽始終沒有拿到稿費。這時他不但窮，而且正在吐血。

以後他離開花蓮山區，去蘭嶼教小學。他寫信告訴我說，蘭嶼孤懸海外，一切都很貧乏，自然更談不上文化，阿美孩子智商都很低，教起來吃力。但蘭嶼特產蝴蝶和象鼻蟲之類的昆蟲，他決定利用課餘時間捕捉，要我代他在臺北銷售，他說延平北路有個陳維壽先生專收蝴蝶昆蟲。

不久他就寄來一大包各色各樣的大小蝴蝶昆蟲，我在延平北路找到陳維壽先生。我根本不知道行情，陳先生給多少我就照數轉寄給春陽。陳先生是成功中學教員，態度很好，不像商人。每隔一兩星期，我都代春陽送一大包蝴蝶給陳先生，先後有一年之久。現在陳先生是國際知名的昆蟲學家，他却不知道當年給他送蝴蝶的和捕蝴蝶的是何許人？現在送蝴蝶的人雖然一息尚存，而捕蝴蝶的人却已離開塵世了。

自亞洲出版社出版「蒼天悠悠」之後，沒有看見春陽再出版什麼作品。「蒼天悠悠」是一部五六十萬字的雄渾長篇，這部作品是寫東北光復以後的動盪情形，極富時代價值，他是東北人，東北人寫東北事，自然不會隔靴搔癢。他告訴我說，曾經有一位作家想收買他這部作品的原稿，他沒有答應，不然那就不是他李春陽的了。他說他還有兩部七八十萬字的作品。以「蒼天悠悠」來看，我相信他有這個能力，不過我一直沒有看到他出版，希望原稿還在，我當略盡棉薄。

我們初見面時，我聞不到他嘴裏有酒氣，我也想不到他愛酒。知道他沉於酒還是近年的事。但是他只和我在臺中喝過一次酒，那次他沒有盡興，也沒有迷糊。我雖能喝幾杯，但我決不賭酒，更不會縱容朋友酗酒，有我在座的時候，凡是我的朋友都不會醉。以酒澆愁愁更愁，縱然內心痛苦，也不要讓頭腦糊塗。不幸，這次他竟因酒喪生。

自我們相交以來，我知道他一直貧病交迫，一直悒鬱不得志。可是他從來沒有抱怨過誰，更絕口不提文藝獎金的事。可是也不再談創作的事。若論年齡，若論才華，他可以再寫三五部「蒼天悠悠」之類的大著，但是他不能活第二次，活這一次已夠他這位打一棍子不哼一聲的大漢受了。如果說他有什麼得意的事，大概是三四年前我和朱夜陪他去算命，算命的說他年內要結婚，以後還有兩個衛士替他把門。本來去的時候他還迷迷糊糊，這下他可開心地笑了。兩眼望着我，那樣子很得意。果然，這年他結了婚，但是沒有看見衛士替他把門，是不是他死得太早了？

他結婚時我沒有去臺中道賀，禮到人不到，那時我覺得他眞快要走運了，不必再錦上添花。

往往朋友一走運，我就自動冷下來。有人一丟掉討飯棍，就忘記叫街時。年紀大了，見得太多，不能不預作心理準備。想不到那次陪他算命，竟成永訣！其實他沒有小家子氣，他的渾厚天真是少有的，縱然有兩個衞士替他把門，我想他還是會見我的，即使閉門不納，我亦無憾。可惜他貧窮以終，我又失去了一個窮朋友。

昨天我已買好了到臺中的車票，明天會準時趕到他的靈前，看看他的遺容，查查他未出版的原稿。如果查得到，我會像代他送蝴蝶給陳維壽先生一樣，送到出版家手裏。

「蒼天悠悠」的作者李春陽是死了，這部書沒有給他生前帶來一點榮譽，要是別人，拿了獎金還敲鑼打鼓沒有個完呢。現在他長醉不醒，留下寡婦孤兒，蒼天如果有眼，多多照顧他的下一代吧！

三月十七日臺北

原載六十二年三月二十六日中央副刊

悼詩人覃子豪

詩人覃子豪去世，出乎意外，也在意中。出乎意外的是，去世前我沒有去看他，朋友們多說他日有起色，且能起床行動，大家都認爲中藥產生了奇蹟。原來臺大醫院斷定他只有兩個禮拜的生命，服中藥後居然突破了這一關頭，而且日漸好轉，想不到還是沒有逃出死神之手。在我意中的是，我知道他體質素弱，且患黃膽病，在他好轉期間，我看他眼白中的黃色仍然未褪，臉色焦乾，因此未敢十分樂觀。鼎文兄亦持審愼看法，我們嘴裏未講，心裏却認爲是時間問題。他生於民國元年，死於民國五十二年國慶，剛好五十二歲，以從前人的眼光來看，不算短壽，以現代人的眼光來看，却活得不够，而以一個詩人、作家的寫作年齡來說，他實在活得太少！雖然他在臺灣新詩人羣中是年齡最大的一位，寫作時間也久，作品也很成熟，但還應該有更大的成就。中國新詩還在飄搖不定的時候，他的死尤其是一個重大的損失。幾年前他在愛情方面遭遇重大煩惱時，我極力勸他找一個年齡相當的女人結婚，讓生活和心情安定下來，但是他連這個目的也沒有達到。我知道他勇於愛，而怯於行的個性，曾有幾次直言，幾使我們的友情觸礁。

在臺灣的詩人朋友當中，除鼎文、紀弦、覃子豪相交最久外，我們的關係也算很早。二十八年時我還是一個初出茅廬的小伙子，他也正風度翩翩，我們便一起在重慶沙坪壩受訓，後來我們一同分發到第三戰區從事軍中文化工作，那時他以拿來福槍的詩人姿態出現在東南文壇，在前線日報編了一個「詩時代」雙週刊，對於當時的詩運頗有影響。

勝利以後，他來臺灣比我早，曾一度經商，往來於厦門、香港、臺灣之間，只是好景不常，曇花一現，終於進了物資局當公務員。

三十八九年，臺灣寫作的人不多，當時我是這少數寫詩的中間的一個。他當時沒有發表過作品，我每次從左營來到臺北，都極力勸他恢復寫作，他終於寫了，後來接着在自立晚報編了一個詩刊，出版了「海洋詩抄」。他的「海洋詩抄」一出版，立刻贏得了他應得的聲譽。他告訴我「海洋詩抄」都是情詩，是寫給一個女孩子的，不過他寫得很含蓄、深沉，不瞭解他的愛情生活的人，不容易發現「眞意」。雖然他以後也寫過不少好詩，但我最喜歡的還是「海洋詩抄」，這本詩集和楊喚的「風景」都是可以流傳下去的作品。愛情生活對於一般人也許只能造成家庭困擾、桃色糾紛，然而對於一個詩人作家，却能轉變爲無價的作品。子豪兄愛情生活的豐富，是他創作的重要源泉，他的好詩幾乎無不與愛情有關。他不是一個有大氣魄的詩人，但他這類的抒情作品，應稱獨步。

子豪兄不但創作認眞，學習精神尤其可佩，他遺憾他的法文不如某些法文教授，不然他可以作更多的翻譯。他也從美國人學習過英文，只是斷斷續續，顯然沒有成功。住院前大約一個月，他還和我談過要利用時間好好地把英文學好，而且下了很大的決心，他並不在乎他的年齡。但是天不假年，他似乎有很多工作未完，而中國詩壇尤其需要他，他對於中國新詩是一個眞有貢獻的人，建設多，而幾無破壞。現在正是中國新詩灰塵落地的時候，子豪兄個人也可以蓋棺定論了。

民國九十七年十二月十四日重校訖於北投紅塵舊廬

患難之交

衣不如新，人不如舊。朋友是越老越好。我不擅交遊，不是那種「見面熟」的人，很難交上新朋友。我的朋友多半是三十年以前的老朋友，更多的是貧賤患難之交。現在年已半百，還沒有一個富貴場中的朋友。原因是我從未富貴，富貴中人不會交我這個不富不貴的朋友；同時我也不敢高攀富貴中人，即使是過去的貧賤之交，只要這位朋友稍稍得意，我也會識趣地保持距離，避而疏遠。因爲富貴和勢利彷彿是孿生兄弟，如果自己不識趣，必然自討沒趣。人生的煩惱已經夠多，不必再惹這種無謂的煩惱。職是之故，我的朋友確實寥寥可數。（不知者以爲我「相交滿天下」，其實正是「知心能幾人」？）而且「多」是三十年以上的老朋友。桂光誠兄即其一也。

我和桂光誠兄相識於民國二十七年夏秋之交，他和我一位堂兄是同班同學。我從九江逃難到南昌，找到南昌求學的堂兄，他正和他幾位同學預備去武漢投筆從戎，我自然參加了他們的行列，因而認識桂光誠兄。一開始我們就共患難，從南昌到武漢沿途搭難民車，三站五站一停，慢如牛車。可是還非坐這種七拼八湊的慢車不可，因爲慢車票已經賣到兩三個月以後，有錢也買不到車票，而我們又不能等那麼久，因爲我們要「趕考」，所以決定走一程算一程，沿途換車。好在我們除了洗臉用具換洗衣服之外，什麼也沒帶，輕便得很。只要車頂篷上有一席地，我們就爬上車頂；如果車頭上可以容身，我們就爬上火車頭。遇上空襲警報，我們也可以撒腿就跑。我們就這樣日晒雨淋，餐風露宿，上上下下，驚驚慌慌，在車上耗了一兩個禮拜，終於趕到如火如荼的武昌。

到了武昌，我們住在電報局附近一家旅館裏，第二天就遇上八十三架日機大轟炸，我們也差一點一鍋爛。走出洞來，我們都面如死灰，外面到處是斷瓦殘垣，一片煙火，滿地血腥，屍體東倒西歪，斷肢殘臂，怵目驚心。我沒有經過這樣的大轟炸，驚嚇過度，以後兩三個月一聽見蜜蜂蒼蠅的嗡嗡聲都會拔腳狂奔，晚上更是睡不安穩。

在轟炸的間隙中，我們報了名，考了一天，便搬到市郊一個和尚廟裏等候放榜。在這段日子裏，我們天天在炸彈警報中度過。放榜的那天夜晚，光誠兄和我堂兄他們去看榜，我沒有去，因爲我怕聞屍臭，更怕見街沿一具具白木棺材和棺材前面一燈如豆，以及令人傷心欲絕的孤兒寡婦的啼哭。同時我也怕鬼，大轟炸之後晚上沒有電燈，街頭巷尾漆黑一片。他們看榜回來時很高興，說我考得最好，只有他們一位同學沒有考取。

報到的那天又遇上轟炸。幸好我們是下午四、五點鐘去的，不然軍服沒有穿上就作了寃死鬼。兩三點鐘去報到的學生十之七八都炸死了。因爲這次轟炸全部投的是殺傷彈，敵機是專門爲我們這些請纓報國的學生而來的。很多二十歲左右的純潔青年在沒有摸到槍桿以前就抛頭顱洒熱血了。這次我們又僥倖不死。

入伍後光誠兄雖然和我不同隊，但我們的命運是相同的。我們都是赤脚草鞋，陰曆九十月間，我們還是穿的稀薄如紗布的草黃單軍服，晚上蓋一床薄軍毯，半夜在寒風刺骨的山頭上站崗，以及「八寶飯」食無定時，而睡又無定處的長途行軍。到了四川，我病得死去活來，他幸而無恙，他矮而結實，身體比我好。一年後我們才分道揚鑣。這一分不僅在工作事業上我們走的方向完全不同，乃至人生觀也大異其趣，而且很多年沒有見面。直到三十三年冬，我從贛州逃難經過他的家鄉鷹潭，恰巧在街上碰着他，我因爲要趕大伴，連他府上都沒有去。後來我在樂平一家報社工作，他到樂平招考憲兵，我們才又碰上，他還特地到報社來和我晤談。他顯得更懂事更成熟，身體也十分健壯，而且現出「龜背」了，和他叔父桂率真的「龜背」有點相似，不過具體而微。我以爲他在軍人事業上可能直追乃叔，而我已經搖筆桿多年，且已成爲十足的老百姓，不作此想。

勝利後趕到上海，又穿上軍服，而且和光誠兄在同一個大單位工作，我們接觸的機會更多。他總是那麼雄赳赳，急忙忙的樣子，不論公事私事，說幹就幹，熱心、負責。第二年我到南京，雖然仍穿軍服，但完全是搖筆桿。他也離開上海，到南京海軍總部工作。他和乃叔僕僕風塵，我是從下午兩點到晚上兩點處理軍事新聞稿，工作時間地點不同，所以見面的機會並不多。一年後我又離開南京，他一直留在海軍總部。

三十八年七月我和朋友逃到臺北，過了兩三個月朝不保夕的生活，我雖任大理街經濟快報主編，但拿不到錢，我寫信去左營請光誠兄想想辦法，他回信要我去左營。一家人在他家裏打了幾天地鋪，他才把我們安置好。從那時起直到他去世爲止，二十多年來，相處時間很多，彼此瞭解也就更深。雖然我們個性不同，志趣不同，但患難交情不同尋常。他對朋友熱忱，樂於助人，他幫過很多人的忙。別人只要有一點長處，他就到處揄揚。有一位受過他幫助的同學曾對我說：「光誠對你是逢人必言，言必稱堯舜。」我非堯舜，亦無任何長處，他是愛人以德。而他對朋友的缺點却隻字不提。即以這位對我講這種話的學長來說，光誠兄幫助他是不遺餘力，可是當光誠兄事業遭遇重大挫折，而他却仕途得意時，他便過門不入，視同陌路。光誠兄却不道其短，且奉如長官，毫無怨色。此種涵養，我自愧不如。光誠兄的另一德性，是他的敬業負責精神。他無論幹任何工作，總是那麼認眞，努力不懈，負責到底，眞是公而忘私，國而忘家。他的胃癌絕症，就是長期積勞成疾。這次的逝世更是勞累的結果。兩年前他開刀後情況很好，半年前他到一家私人公司工作，仍然是過去那股幹勁。一個月前的一天中午快下班時，我打電話約他到公園晒晒太陽，聊聊天，他說：「今天沒有空，我要加班。」我勸他注意身體，並問他那天有空？他說不一定，有空會打電話約我。因爲他不願意別人知道他在作事，也不想我到他工作的地方去，所以我一直等他的電話，想不到却突然接到遂夫兄的信，說光誠兄已入彌留狀態。我趕到基隆海軍醫院時，清香嫂說他已經兩三天不省人事。用氧氣幫助呼吸還是非常痛苦。他小兒子在旁大聲叫他也毫無反應。我走過去叫他時他却突然清醒過來，望着我兩眼發紅，掙扎着想說話，抽搐了半天，却說不出一個字，差點斷了氣。他只剩下皮包骨，和病前那種矮壯情形完全兩樣，和二十年前雄赳赳的少壯軍人氣派更有天淵之別。我走後大約三個小時，他終於離開人世。他完全是累病累死的。他替私人公司作事也是中午加班，白天未作完的事，晚上帶回家去再幹到一點鐘才睡。別說是一個病人，就是一個健康的人也非倒下去不可。

光誠兄不但對工作負責，愛護朋友，對妻子兒女更不待言。他自奉甚薄，十分克己，對妻子兒女却無微不至。一有空就替兒女處理信件，擦拭皮鞋。他是一個只講奉獻而不求收穫的人。

他是一個好朋友，好父親，好丈夫，好軍人。責任心重，榮譽心重。由於責任心和榮譽心太重，忽略了自己的健康，使他少活了十年二十年，實在令人惋惜。他無赫赫名，亦無金錢地位，因此我不能不寫點眞實話悼念他。如果他是位炫赫人物，那就用不着我這枝禿筆了。

我所認識的曹聚仁

「語堂文集」裏所寫的曹聚仁，抗戰前夕是上海某大學的教授，抗戰時任中央社特派員，以「教授記者」的雙重身份活躍於東戰場，周旋於達官與高級將領之間，並在「東南日報」與「前線日報」大量發表戰地通訊和雜文。

我第一次和他見面是二十八年冬天，在三十二集團軍上官雲相總部，那時我剛從重慶奉派到上官總部從事戰地新聞工作，地點在江西臨川——王安石的家鄉。

二十八年曹聚仁大約將近四十歲，那時他比我幾乎大了一半年紀。而他的太太鄧珂雲女士則不過二十五六歲，以上海正言報記者的身份和他一同出入戰地，自然我也同時看到她。

曹聚仁是個矮子，向有「烏鴉」之名，和他見面前，他本人的文章我看過的不多，別人罵他的文章我倒看過，從「烏鴉」之名可以想見他是一個聒耳的人物。聞名不如見面，見了面覺得他除了愛講話之外還有點紹興師爺的味道。他太太鄧珂雲女士恰好和他相反，她不但身長玉立，而且相當健美，比曹聚仁高大半個頭，兩人站在一塊不大調和。她很穩重含蓄，不大愛講話，因此顯得相當端莊，和「烏鴉」作風截然不同。他們兩人都穿着華達呢軍裝，而無階級，也未掛斜皮帶。抗戰時的軍官服裝其實就是中山裝，不全副披掛也可以當中山裝穿。

三十一年我轉到新贛南新聞界工作，這時他在贛州，任正氣報主筆，同時在民國日報寫稿，自然我們又碰頭了。這時他寫作很多，但沒有一篇創作，也沒有一篇像樣的理論文字，全是東拼西湊的大雜燴。談詩也好，談小說也好，都不內行，甚至亂七八糟。其時林語堂曾自美返國，在重慶逗留了一陣，除了左翼作家爲文攻擊之外，曹聚仁也在報紙副刊謾罵林氏，當時我還不知道他們以前有過「過節」。

在三十三年冬天贛州危急時，我從民國日報轉到一家新創刊的報紙當主編，曹聚仁也替這家報紙寫社論，他那時簡直是新聞界的齊天大聖，可是我差點栽在他的手裏。

有天晚上他很神秘地告訴我一則重要軍事新聞，要我立刻發排，搶個先，我以爲他是中央社特派員，又大我二十來歲，認爲是一番好意。想不到第二天新聞檢查人員來查問，追究新聞來源，我不得不說出原委，曹聚仁却當面否認，大出我的意外。沒有幾天，日本人就打到贛州，大家逃難，這件事也就不了而了。

這次逃難，我逃得十分悽慘。浙贛戰爭時，我從南城逃到贛州，這次又從贛州逃到樂平，來去近兩千里，全是走路。想不到我到樂平後，曹聚仁早已在樂平安居，打起中央社的招牌了！原來他神通廣大，在那種兵慌馬亂的時候，他坐着大卡車逃到樂平了。

樂平有家長江日報，我又在這家報社工作，他自然與報社來往，報社同仁也待他如上賓。這時他已經有了一個女兒，一點也不像他，完全像鄧珂雲女士。他這女兒恰好和我大女兒同年。

勝利後他先到上海，年底我也到了上海，上海雖大，還是碰上了他，這時我又穿上了軍服，他幹什麼？我沒有問他。他曾經到蓬萊路半公半私地看過我，我也到兆豐公園附近他的家裏回看過他一次。但沒有看到他的太太和女兒。我總覺得他們兩人不大和睦，因此我也不便問她在什麼地方？

我們一道出門時，他隨手從口袋裏掏出兩粒紅豆，送我一粒，並且[redacted]吟詠起來：

「紅豆生南國，春來發幾枝……」

他為什麼送我一粒紅豆？[redacted]現在我還不明白是什麼意思？也許他是在懷念鄧珂雲女士和他的女兒，而隨手送我一粒？因為我知道他們的夫婦關係，而他的樣子[redacted]相當頹唐。本來他不修邊幅，這時他身上[redacted]穿着一件日本軍人的黃呢大衣，他[redacted]矮，看那樣子眞有點像日本戰俘[redacted]

此後我就再也沒有看見他了。

在上海時他似乎和前線日報總編輯宦鄉過從甚密。大陸變色後，宦鄉搖身一變，成為[redacted]首任駐英代辦。他在大陸也似乎停留不久，便到香港。他在香港究竟搞些什麼？有關方面也許知

道[illegible]

好多年前在報上看到新聞報導，說他已經[illegible]了，而且身後淒涼。

以我個人的了解，曹聚仁是一位[illegible]什麼都懂，其實什麼也不通的擺雜貨攤式的文人。[illegible]有一篇像樣的創作，可是他什麼都敢談，而且一點也不臉紅。有一次他大談新詩，因而遭到覃子豪兄的反駁。

他不但談文學，也註過道德經，這大概是當年為了教書混飯吃而[illegible]教[illegible]的。其實他對道德經也一竅不通，完全是人云亦云，瞎子摸象。

他是國民黨員，不甘寂寞，但又作民主人士狀，[illegible]在政治[illegible]之間，而[illegible]最後[illegible]淒涼地死在海外。這是跳扭扭舞文人的下場，也是儒林外史的外一章。

原載六十九年一月十四日聯合報副刊

愛爾蘭詩人心聲

最近我突然接到已達七十高齡的愛爾蘭詩人寇倫（John Cullen）的來信，信中還附了他精選的七首感懷時事詩（topical poems）。雖然這是他第一次寫信給我，但他十分坦誠。他在信中對於這個以許多方式一分爲二的世界以及人類維持和平努力的挫敗，頗多感慨。他引用了德國哲學家赫格爾（Hegel 1770—1831）的一句話：「歷史告訴我們人沒有從歷史學到什麼。」

他的詩相當嚴謹，富有韻律美，其內涵大多基於聖經敎義，有其西方哲理。對於紊亂、膚淺、空虛的西方世界，無異暮鼓晨鐘。聖經是西方人唯一的精神尾閭，作者最後訴之上帝，也是無可如何的事。二次大戰以來，西方世界之紊亂，價値之顚倒，卽肇因於西方人的精神崩潰。從他的七首詩裡，我們可以看出西方文化沉淪的另一面，聽到一位愛爾蘭老詩人的心聲。特選譯三首，以饗讀者。

脚印

在月球上
有人的脚印
先驅者揷上了爲他們所有的標樁
而且給他們自已定了一個名稱
在月球上
他們贏得了不朽的聲名

在月球上
他們沒有爲人發現什麼
那是一個多麼奇異的地方
看不到一樣活的東西
在月球上
沒有一片草葉或樹枝

很久以前
在地球上就有人的腳印
它們是上帝、基督的腳印
祂在這裡是無罪的人
而很久以前
就傳播了祂的福音

祂被少數人歡迎作爲他們的主
從這「寬闊而擁擠的路上」
像一隻迷途的羔羊
在祂的肩上我們會說——
「回家吧！」

雖然祂爲有罪的人死

祂復活了
而救世是爲了全體
當救世主召集祂身邊的人時
那麼讓我們膜拜——
在祂的脚底

祂答應在祂走以前
祂會再來
我們只是這兒的生客
而對祂却很親愛
祂告訴我們不要怕——
祂會再來

握手

他們作到了，他們作到了

進入太空軌道之後
他們剛好碇住而且鎖在一起
在一個最奇異的地方

太空船的速度是計劃好了的
他們訂定了時間和日期
所以他們會合而且「握手」
雖然他們移動得如此快速

這些美國人和俄國人
在地球上懍然地觀測
當觀測者看到這樣的景象時
那是多麼的壯觀啊

但是它象徵進步

而且表示人類作些什麼——
上帝仍然有意把地球
作爲我和你的家園
祂爲人決定了祂的限度
而這限度是不能通過的——
人可以探查星光燦爛的天空
可是最後他必須下來

有一層天是科學不知道的
有一個地方是眼睛看不到的
那兒——握手歡迎
從那個地方祂來到這兒
雖然我仍不知道這日子和時間
主將來時
那自然是所有的信徒們

得到一個歸宿——那就是天堂和家園

但是不需要太空船
不需要學習太空飛行
「一瞬之間」它就會發生——
「一轉眼之間」

那意思是「團聚」
那意思是不再死
那意思是極樂——
那是我們從前不知道的

那麼使你的名字確實進入
遠在天外的「那個地方」吧——
屆時救世主會和你「握手」

在那個聚會上，不久
那是因爲祂愛我們
而且祂給我們「永生」
會永遠和祂在一起
祂是被殺的——但是始終活着

低盪

這個字像球一樣打來打去
不管它是什麼意思
它是和平的另一個字——
這個字從來沒有見過

「關係緊張」——哀哉，如此眞實
國家與國家國家與國家之間

外交已經努力
恐懼仇恨仍然流行
雖然許多國家仍在尋求和平
他們全都「保持火藥乾燥」
在那些可怕的東西裡面
會殺死千百萬人

自從亞當犯罪以來
敵對、戰爭就不能停
這「第二個人」——「來自天上的主」
唯一的能帶給我們和平

那時祂被這些國家拒絕
祂便在這兒救人
自從祂死後現在是誰

上帝能帶來和平
一切人的努力必然失敗
正如每一個人看到的
奉祂如皇帝般地坐上祂的寶座
這世界便會和平

（民國六十五年雙十國慶日譯於北投）

儒林外史精華錄

唐詩、宋詞、元曲，在中國文學史上是各樹一幟的；清朝却是一個小說的朝代。紅樓夢、儒林外史、聊齋誌異以及浮生六記（第一篇閨房記樂是小說）等不朽著作，都是清人作品。——不是因襲改寫的，是眞正的創作。

我們自己的文學寶藏實在太多，可惜棄置不顧。月亮是外國的圓的心理，在文學方面對我們是一個損害。這篇隨筆只是一鱗半爪，現在我還沒有時間作通盤研究整理工作。對「紅樓夢」我則有一專著「紅樓夢的寫作技巧」（商務出版），以探討這一傑作。

我相信月亮不是外國的圓，中國的月亮更圓，最少在文學方面如此。不過中國人走了一世紀的背時運，現在還未脫霉運，只要大家有自信心、自尊心，好運不遠。

一、屠戶和舉人

周進六十多歲，還是個老童生，由夏總甲介紹到觀音庵作猢猻王，一年館金十二兩銀子，勉可糊口。見了三十多歲的王舉人自稱晚生。由於別人造謠中傷，夏總甲嫌他獃頭獃腦，不知道奉承，第二年就失了館，打破了飯碗，只好跟做生意的姐夫金有餘一干人當個記帳的。一天跟他們到省城貢院參觀，金有餘使了小錢他才得進去。一走進『天』字號，看了兩塊擺得整整齊齊的號板，一陣心酸，一頭撞暈過去。醒了又放聲大哭，滿地打滾，口吐鮮血。後來大家出了二百兩銀子替他捐了一個監，就錄了個貢監首卷。進頭場又中了舉，會試又中了三甲進士，授了部屬。以後一帆風順，陞了御史，欽點廣東學道。

到廣州上任，有一個面黃飢瘦，花白鬍鬚，頭戴破毡帽，身穿麻布直裰，凍得乞乞縮縮的五十四歲的考了二十多次的老童生范進。周學道起初看了范進的卷子，認爲不成話，丢在一邊。後來想想自己在這裏面吃了很多苦頭，不敢馬虎，看到三遍才曉得是天地間之至文，一字一珠，給范進取了個第一名。

范進的丈人胡屠戶，拿了一副大腸一瓶酒來表示賀意，但還是訓了他幾句：

「我自倒運，把個女兒嫁與你這現世寶窮鬼，歷年以來，不知累了我多少；如今不知因我積了什麼德，帶挈你中了個相公，所以我帶個酒來賀你。」

鄉試時范進又想去趕考，沒有盤費，同丈人胡屠戶商量，胡屠戶一口啐在他臉上，駡了一個狗血噴頭：

「……你自己只覺得中了一個相公，就癩蝦蟆想吃天鵝屁，……如今痴心就想中起老爺來？這些中老爺的都是天上的文曲星，你不看見城裏張府上那些老爺，都有萬貫家私，一個個方面大耳。……你問我借盤纏，我一天殺一隻猪，還賺不得錢把銀子，却把與你丟在水裏，叫我一家老小喝西北風？」

范進不到黃河心不死，還是瞞着丈人參加了鄉試。出場回家，家人已經餓了三天，又被屠戶罵了一頓。

范進的母親要他拿了一隻生蛋的母雞去賣了換米煮粥。去了不到兩個時辰，報子就來報喜，說他中了第七名「亞元」。范進看了報帖兩手一拍，笑了一聲：「噫！好了！我中了！」往後一跤跌倒，不省人事。醒來後又拍手大笑，就瘋瘋癲癲。大家不知道如何是好，最後想到那個屠戶，要胡屠戶打他一個嘴巴，使他清醒。胡屠戶作難地說：

「雖然是我女婿，如今却作了老爺，就是天上的星宿，天上的星宿是打不得的，……打了天上的星宿，閻王就要拿去打一百鐵棍，發在第十八層地獄，永不得翻身。」

胡屠戶終於被衆人逼不過，只得喝兩盌酒，壯一壯膽，一嘴巴打將去：「該死的畜牲，你中了什麼？」但那手早顫起來，不敢打第二下。范進眞的被打明白了。胡屠戶的手却隱隱作痛，彎不過來，自己心裏懊惱道：

「果然天上文曲星是打不得的，而今菩薩計較起來了！」

別人對他說：

「老爺，你還手，明日殺不得猪了。」

胡屠戶說：

「我那還殺猪！有我這賢壻老爺，還怕後半世靠不着嗎？我每常說：『我的這個賢壻才學又高，品貌又好，就是城裏那張府周府老爺，也沒有我女壻這樣一個體面的相貌。』……我小老這一雙眼睛，却是認得人的！想着先年我小女在家裏，長到三十多歲，多少有錢的富戶要和我結親，我自己覺得女兒有些福氣的，畢竟要嫁與個老爺，今日果然不錯！」說罷哈哈大笑。

不但胡屠戶如此，向不來往的張鄉紳也登門拜訪，送房子請他住，其他奉承巴結的更不在話下。

吳敬梓沒有學過現代心理學，是個道地的「土包子」，他却以動作和語言深刻地表現了學子和屠戶等人的心理，生動地描畫出人性。

今天我們許多留學生，在家裏是少爺小姐，為了鍍金，不惜在美國當 Boy 當 Sister。時代雖然不同，和周進范進的心理相差也不太遠。胡屠戶這種人更多的是。

人總是人，好的作品萬古常新。文學的價值在此，創作的價值在此。

二、嚴貢生嘴臉

張鄉紳約范舉人去高要縣看湯知縣。在關帝廟裏遇到一位方巾濶服，粉底皂靴，蜜蜂眼，高鼻樑，落腮鬍鬚的嚴貢生。他馬上和范舉人張鄉紳拉交情，叫家人拿了一個食盒，提了一瓶酒，擺上雞鴨糟魚火腿之類九個盤子，敍說一番。嚴貢生說：

「……湯父母到任的那日，敝縣闔縣的紳衿，公搭了一個彩棚，在十里牌迎接，小弟站在彩棚門口……轎子將近，遠遠望見老父母兩朵高眉毛，一個大鼻樑，方面、大耳，我心裏就曉得是一位愷悌君子。却又好奇，幾十人在那裏同接，老父母轎子裏兩隻眼睛只看着小弟一個人。…」

「總因爲你先生爲人有品望，所以敝世叔相敬；近來自然時時請教。」張鄉紳說。

「後來倒也不常進去。實不相瞞，小弟只是爲人率眞；在鄉里之間，從不曉得佔人寸絲半粟的便宜，所以歷來的父母官都蒙相愛……」

隨後又說高要是廣東出名的縣份，錢糧、耗費、花布、牛、驢、漁船、田房稅，不下萬金。又自拿手在桌上畫着，低聲說：

「像湯父母這個做法，不過八千金；前任潘父母做的時節，實有萬金。他還有些枝葉，還用着我們幾個要緊的人。」

這時恐怕有人聽見，把頭轉來望着門外；一個蓬頭赤足的小廝走了進來，望着他說：

「老爺，家裏請你回去。」

「回去做甚麼？」嚴貢生說。

「早上關的那口猪，那人來討了，在家裏吵哩。」小廝說。

「他要猪，拿錢來。」嚴貢生說。

「他說猪是他的。」小廝說。

吳敬梓當場給嚴貢生出醜，看到這裏不禁會心地一笑。但是這件事並沒有完。後來湯知縣出堂，將回子發落了，正要退堂，見兩個人進來喊冤。一個叫王小二，是嚴貢生的緊鄰。他說去年三月內嚴貢生家一口才生下來的小猪，走到他家去，他慌忙送回嚴家。嚴家說猪到人家，再尋回來，最不利市，押着出了八錢銀子，把猪就賣與他。這口猪在王家已經養到一百多斤，不想猪走到嚴家去，嚴家把猪關了；小二的哥哥王大走到嚴家討猪，嚴貢生說猪本來是他的，你要討猪，照時價估價，拿幾兩銀子來領了猪去。王大是個窮人，那有銀子，就同嚴家爭吵了幾句，被嚴貢生幾個兒子，拿拴門的閂，桿麵的杖，打了一個臭死，腿都打折了，所以小二來喊冤。

另一個是五、六十歲的老者，禀道：

「小人叫黃夢統，在鄉下住。因去年九月上縣來交錢糧，一時錢少，央中人向嚴鄉紳借二十兩銀子，每月三分錢，寫立契約，送到嚴府，小的却不曾拿他的銀子；……至今已是大半年，想起這事來，向嚴府取回借約，嚴鄉紳問小的要這幾個月的利錢。小的說：「並不曾借本，何得有利？」嚴鄉紳說小的當時不拿回借約，好讓他把銀子借與別人生利；因不曾取約，他將二十兩銀子也不能動，誤了大半年利錢，該是小的出。小的自知不是，向中人說情願買個蹄酒上門去取約；嚴鄉紳執意不肯，把小的驢兒和米同梢袋，都叫人短了家去，還不發出紙來。這樣含寃負屈的事，求大老爺作主。」

「一個做貢生的人，忝列衣冠，不在鄉里做些好事，只管如此騙人，其實可惡！」湯知縣聽了便將狀子批准。

嚴貢生聽到消息，一溜烟急走到省城去了。

他弟弟嚴監生，有十多萬銀子，使了銀子替他了却這兩椿公案。

嚴監生一錢如命，臨死時看燈盞裏點的是兩根燈草，伸出兩根指頭不肯斷氣，後來扶正的趙氏瞭解他的意思，挑掉一根燈草他才閉目。這樣一個弟弟肯花掉十幾兩銀子爲他了却公案，總够手足之情？可是嚴貢生回家後却說：

「這是亡弟不濟，若是在我家，和湯父母說了，把王小二、黃夢統兩個奴才，腿也砍折了。一個鄉紳人家，由得百姓如此放肆？」

不僅此也，嚴監生子死由他兒子過繼，他硬說弟弟遺孀是妾，把她趕到廂房去住，明目張膽奪產，層層告狀，務必要正名分。

最妙的是他從省城帶着兒子媳婦，雇了兩隻大船回家，價銀子十二兩，立契到高要付銀。將近高要，他忽然兩眼暈花，吐出許多清痰，喝了開水，吃了幾片雲片糕，放了兩個大屁，登時好了，留下幾片雲片糕，放在後鵝口板上，被饞嘴的掌舵吃了，他只作不看見。可是一靠岸就有文章，他說那是他吃的藥，掌舵的說是雲片糕。他發怒說：

「放你的狗屁，我因素日有個暈病，費了幾百兩銀子合了這一料藥，你這奴才，豬八戒吃人參果不知滋味，說的好容易，方才這幾片，不要說值幾十兩銀子？………」

隨後即開拜匣，寫帖子，對下人說：

「送這奴才到湯老爺衙裏去，先打他幾十板子再講！」

掌舵的嚇了，衆人按着掌舵的磕了幾個頭，嚴貢生自轉彎說：

「既然你衆人說，我又喜事匆匆，且放着這個奴才，再和他慢慢算帳，不怕飛上天去！」

鬨畢，揚長上轎，行李和小廝跟着，船家眼睜睜看着他走了。

這就是嚴貢生！吳敬梓以三章多點的篇幅，把他「夾帶」出來。如果不仔細閱讀，小心拼湊，很容易疏忽過去，以為他不是一個重要人物。

吳敬梓輕輕地給我們勾畫出這麼一個典型的知識份子。我們現在不缺少這種角色，但是不知道要費多大力氣才能刻畫出來？

三、眞假牛布衣

名士牛布衣，客死蕪湖甘露庵之後，僅僅留下兩本詩稿，眞的身後蕭條。老和尚受了牛布衣的重禮，把詩稿鎖在枕箱裏面。

牛浦郎是甘露庵附近的一個十七、八歲的窮小子，晚間利用庵裏的琉璃燈讀書，老和尚十分同情鼓勵，招待他到殿下去讀，每晚讀到三更才走。

一天，老和尚聽他唸詩，覺得他不俗，說過些時日要給他兩本詩看。恰巧老和尚下鄉唸經，把房門鎖了，殿上託牛浦郎照顧。牛浦郎想到那兩本詩，「三討不如一偷」，把老和尚的房門和枕箱的鎖撬開，發現兩本錦面線裝的書，上寫「牛布衣詩稿」，慌忙拿了出來，又把枕箱和房屋鎖好。他看詩題是「呈相國某大人」，「懷督學周大人」，「與魯太史話別」等等，知道是現在老爺們的稱呼，何等榮耀！因此他想：

「他這人姓牛，我也姓牛，他詩上寫了牛布衣，並不曾有個名字，何不把我的名字，合着他的號，刻起兩方圖章來印在上面……這兩本詩可不就算了我的了？我從今就號叫牛布衣。」

第二天他眞的請郭鐵筆刻圖章，把小名郎字去掉，一方陰文，刻「牛浦之印」，一方陽文，刻「布衣」二字。郭鐵筆以爲他眞是牛布衣，敬禮有加，連筆資也不敢領。

以後老和尚到京裏去了，甘露庵託他照顧，他就取了一張白紙，寫了五個大字：「牛布衣寓內」，每日到庵裏走走。

有個董孝廉在京裏讀過牛布衣的詩，慕名來訪，牛浦安排他在岳舅丈卜家會面，要卜誠卜信權充長隨，捧茶侍候，自己架勢十足，一派官腔。董孝廉走後，卜家兄弟氣得臉紅脖子粗，數說他一頓，他反而奚落教訓他們，甚至說：

「不是我說一個大膽的話，若不是我在你家，你就一二百年也不得有個老爺走進這屋裏來！」

「沒的扯談，就算你相與老爺，你倒底不是個老爺！」卜誠說。

「憑你那個說去！還是坐着同老爺打躬作揖的好！還是捧茶給老爺吃，走錯路，惹老爺笑的好？」牛浦說。

「不要惡心！我家也不希罕這樣老爺！」卜信說。

「不希罕？明白向董老爺說，拿帖子送到蕪湖縣，先打一頓板子！」

於是雙方鬧到縣裏，經郭鐵筆勸解，才算罷休。卜誠說：

「郭先生，一斗米養個恩人，一石米養個仇人，這是我們養他的不是了！」於是請這位『牛布衣』走路。他便去投奔淮安府安東縣新補的知縣董老爺了。

在路上他碰上牛玉圃，攀了本家，作了牛玉圃的孫子。因爲犯了鹽商萬雪齋的大忌，使牛玉圃吃了一個暗虧，弄得灰頭灰臉。牛玉圃後來知道是上了他的當，尋到了他，誑他上船，到了沒有人烟的龍袍洲，牛玉圃圓睜兩眼，大怒說：

「你可曉得我要打你哩！」

牛浦慌了說：

「做孫子又不曾得罪叔公，爲什麼要打我呢？」

牛玉圃說：

「放你的狗屁！你弄的好乾坤哩！」

於是叫兩個夯漢，把牛浦的衣裳剝盡了，帽子鞋襪都不留，拿繩子綑起來，臭打了一頓，抬着往岸上一摜，摜到一個糞窖子跟前，他不敢動，一動就要掉進糞窖去。牛玉圃却不管他死活，扯起篷來走了。

這一段雖然和「牛布衣」大名無關，看了却令人噴飯，分明是吳敬梓存心「整」這個冒牌貨。後來牛浦得一位安東縣姓吳的戲子行頭經紀搭救，到了安東縣，還招他做了女婿。這是他第二次結婚。

見了董知縣，董知縣果然歡喜，要留他在衙門裏住。「牛布衣」不肯，董知縣說：

「這也罷了，先生住在令親家裏，早晚常進來走走，我好請教。」

於是「牛布衣」三日兩日進衙門走走，借着講詩爲名，順便「攬兩處木鐘」，弄起幾個錢來。

董知縣陞任，接任的向知縣問他有什麼事相託沒有，董知縣說：

「倒沒有什麼事，只有個做詩的朋友，住在貴治，叫做牛布衣。老寅台清目一二，是感盛情。」

不但董知縣對他如此關照，董家把門面一帶三四間屋都與他住。他在門口貼了一個帖，上寫「牛布衣代做詩文」。

眞牛布衣的太太輾轉找到安東縣，間假牛布衣：

「你這位怎叫牛布衣？」

「我怎不是牛布衣？但我認不得妳這位奶奶。」

「我便是牛布衣的妻子，你這厮冒了我丈夫的名字在此掛招牌，分明是把我丈夫謀害了，我怎肯同你開交！」

於是官司打到向知縣那裏，向知縣以天下同姓同名的多，不願管這樁無頭官司，把牛奶奶解回紹興原籍。因此無人識破牛浦是假牛布衣。

但是吳敬梓交代得清清楚楚，讀者的眼睛是雪亮的。

現在把別人的作品換上自己的名字發表，這樁事兒可能是向牛浦學來的。編輯先生那又分得出誰是眞牛布衣誰是假牛布衣呢？

四、戲子鮑文卿

安東縣知縣向鼎，因爲處理「牛布衣」案件欠妥，崔按察司要參他。崔門下一個戲子鮑文卿，雙膝跪下，按察司問他有甚麼話說？鮑文卿回答：

「方才小的看見大老爺要參處的是安東縣向老爺。這位老爺小的也不曾認得。但自從七、八歲學戲，在師父手裏就唸的是他做的曲子，這老爺是個大才子大名士。如今二十多年了，才做得一個知縣，好不可憐。……」

按察司看他一個戲子也有憐才之意，就不革向知縣。却將這些緣故寫了一個摺子，差了一個衙役把鮑文卿送到向知縣的衙門去，意思是要向知縣送鮑文卿幾百兩銀子，讓他回家做個本錢。

向知縣對於鮑文卿這位恩人自然十分感激，但鮑文卿青衣小帽，見了向大人叩頭盡禮，拉他坐他也不敢坐，敬他酒他跪在地上也不敢接，恐怕有失朝廷體統。向知縣封了五百兩銀子送他，他一籤也不要。向知縣只好差人送他回南京老家。

按察司聽到這些事，說他是個獃子。

鮑文卿回家之後重理舊業。一天走進茶館，看見一個人頭戴高帽，身穿寶藍緞直裰，腳下粉底皂靴，獨自坐在那裏吃茶。鮑文卿近前一看，原來是他同班唱老生的錢麻子。

「我方才遠遠看見你，只疑惑是一位翰林科道老爺，錯走到我們這裏來吃茶，原來就是你這老屁精。」鮑文卿說。

「文卿，你在北京走了一遭，見過幾個做官的，回家就拿翰林科道來嚇我！」錢麻子說。

「兄弟，不是這樣說。像這衣服靴子，不是我們行事的人可以穿的。你穿這樣衣服，叫那讀書的人穿甚麼？」

後來向鼎陞了安慶知府，要鮑文卿到他衙門裏去，在船上遇到兩個安慶府的書辦，這兩人對他百般奉承，晚上悄悄地向鮑文卿說：

「有一件事，只求太爺批一個『准』字，就可以送你二百兩銀子。又有一件事，縣府詳上來，只求太爺駁下去，這件事竟可以送你二百兩，你鮑太爺在我們太老爺跟前懇個情吧。」

「不瞞二位老爺說，我是個戲子，乃下賤之人。蒙太老爺抬舉，叫到衙門裏去，我是何等之八，敢在太老爺跟前說情？」鮑文卿回答。

「鮑大爺，你疑惑我這話是說謊麼？只要你肯說這情，上岸先送五百兩銀子與你。」書辦說。

「我若是喜歡銀子，當年在安東縣曾賞過我五百銀子，我不敢受。自已知道是個窮命，須是骨頭裏掙出來的錢才做得肉。我怎肯瞞着太老爺拿這項錢？……你們服侍太老爺，凡事不可壞了太老爺清名，也要各人保着自已的身家性命。」

後來向鼎陞了福建汀漳道臺，路過南京，特來看鮑文卿，鮑文卿已經死了二十多天，尚未出殯。因為他是戲子，沒有人題銘旌，向道臺說：

「有甚麼不好寫？取紙筆過來！」

於是他寫了「皇明義民鮑文卿享年五十有九之柩。賜進士出身中憲大夫福建汀漳道老友向鼎頓首拜題。」這個銘旌。

戲子在當時是與忘八吹鼓手一例看待，屬於賤民。吳敬梓在唯功名利祿是圖的儒林中，安排這麼一個明禮義、知廉恥的戲子鮑文卿，用心之苦，構思之巧，與牛浦郎這個冒名頂替的角色，前後輝映，大作家就在處理人物方面最見功夫。

英國劍橋國際傳記中心

在國際間除了世界筆會、詩人大會之外，另一個對國際文藝交流有重大貢獻，而且脚踏實地、有組織、有計劃、定期出版各種重要參考辭書的，就我所知，應該要推英國劍橋國際傳記中心了。

英國劍橋國際傳記中心（International Biographical Centre, Cambridge, England）成立於一九六〇年，到現在已經四十年了。該中心原先設在倫敦，隨後遷到劍橋大學，直到現在，地址未曾改變。

主持該中心的是劍橋大學Melrose出版公司董事長凱博士（Dr. Ernest Kay），他是一位文學家、出版家，身體魁梧，擧止沉着、穩健，是一位典型的英國紳士，從他身上可以看出「約翰牛」的精神。

該中心的重要工作有三大項目：

一是定期召開國際文藝交流會議。這個艱巨複雜的工作是從一九七五年才開始的。第一屆國際文藝交流會議於一九七五年七月在紐約舉行；第二屆於一九七六年七月在華盛頓舉行；第三屆於一九七七年三月在義大利文藝復興發祥地翡冷翠（佛羅倫斯）舉行；第四屆於一九七七年七月在倫敦舉行；第五屆於一九七八年七月三日至十日在舊金山舉行。每次會期一週，邀請的對象是世界各國詩人、作家、畫家、雕塑家、音樂家、出版家。根據歷屆會議情形判斷，每年召開一次國際文藝交流會議，似乎是該中心的預定工作。

二是成立「國際傳記協會」及「國際詩人學院」。這是兩個常設的國際文藝交流機構，定期開會，出版詩刊。

三是出版傳記辭書。前兩項工作是近年發展起來的，出版工作則是該中心成立後的一貫作業。這是有價值、有系統，也最具國際權威的工作。他們也以此自豪。他們已經出版有「國際名人傳記辭典」、「世界婦女名錄」、「當代名家錄」、「國際知識分子名錄」、「國際詩人名錄」、「國際音樂家名錄」、「國際作家名錄」、「國際名人剪影」、「世界傑出男女傳記」……等等。這些名錄都是第一手資料，每本容納人數多在萬千位以上，遍及全世界，極爲難得。其中「當代名家錄」等並附有個人近照。「國際知識分子名錄」「國際名人剪影」介紹則最爲詳盡，作家的著作目錄亦全部刊出。這些書發行遍及全世界，尤受各國圖書館重視，因此每年或兩三年都要增訂再版、三版……印刷十分考究，沒有錯字。此外還出版「雜誌」，報導 I.B.C. 動態；出版詩刊，刊載「國際詩人學會」會員作品及動態。

英國劍橋國際傳記中心是一個脚踏實地的學術機構，立場超然，只重個人成就，不論國家大小，如中共毛某雖然編入「國際詩人名錄」，却未編入「當代名家錄」(Men of Achievement)；韓國總統朴正熙，不是詩人，自然沒有編入「國際詩人名錄」，但因爲他在軍事政治方面的成就，却編入「當代名家錄」。進入單項的名錄如詩人名錄、音樂家名錄等，比較容易，編入綜合性的名錄如「當代名家錄」、「國際名人傳記辭典」、「國際名人剪影」、「世界傑出男女傳記」、「國際知識分子名錄」等則比較困難。

國際文藝交流最重要的工作還不是開會，而是出版，但該中心却面面顧到，既開會，又有常設機構，更重視出版。以出版而言，如果沒有人才，沒有金錢，沒有超然的學術立場，這種工作是很難做的。英國劍橋國際傳記中心却不聲不響地作了十年，它能有今天的成就，很不簡單。大概也只有英國人有這種傻勁。他們又不對外宣傳，在翡冷翠開會時連布招都不掛，會場外面也看不到任何 I.B.C. 字樣。如果他們沒有學術立場，學術良心，在政治人物方面，他們就會像英國政客一樣，取毛某而不取朴正熙了。文學、藝術、音樂方面又何獨不然呢？

但政治是政治，學術是學術。英國在國際政治舞臺雖然沒落了，但英國在學術方面，美國還是無法取代，尤其是英人的穩健和沉着。

墨人博士著作書目（校正版）

書目	類別	出版者	出版時間
一、自由的火焰 與《山之禮讚》合併	詩集	自印（左營）	民國三十九年（一九五〇）
二、哀祖國 易名《墨人新詩集》	詩集	大江出版社（臺北）	民國四十一年（一九五二）
三、最後的選擇	短篇小說	百成書店（高雄）	民國四十二年（一九五三）
四、閃爍的星辰	長篇小說	大業書店（高雄）	民國四十二年（一九五三）
五、黑森林	長篇小說	香港亞洲社	民國四十四年（一九五五）
六、魔障	長篇小說	暢流半月刊（臺北）	民國四十七年（一九五八）
七、孤島長虹（全集中易名爲富國島）	長篇小說	文壇社（臺北）	民國四十八年（一九五九）
八、古樹春藤	中篇小說	九龍東方社	民國五十一年（一九六二）
九、花嫁	短篇小說	九龍東方社	民國五十三年（一九六四）
一〇、水仙花	短篇小說	長城出版社（高雄）	民國五十三年（一九六四）
一一、白夢蘭	短篇小說	長城出版社（高雄）	民國五十三年（一九六四）
一二、颱風之夜	短篇小說	長城出版社（高雄）	民國五十三年（一九六四）

一三、白雪青山　長篇小說　長城出版社（高雄）　民國五十四年（一九六五）
一四、春梅小史　長篇小說　長城出版社（高雄）　民國五十四年（一九六五）
一五、洛陽花似錦　長篇小說　長城出版社（高雄）　民國五十四年（一九六五）
一六、東風無力百花殘　長篇小說　長城出版社（高雄）　民國五十四年（一九六五）
一七、合家歡　長篇小說　臺灣省新聞處（臺中）　民國五十四年（一九六五）
一八、紅樓夢的寫作技巧　文學理論　臺灣商務印書館（臺北）　民國五十五年（一九六六）
一九、塞外　短篇小說　臺灣商務印書館（臺北）　民國五十五年（一九六六）
二〇、碎心記　長篇小說　小說創作社（臺北）　民國五十六年（一九六七）
二一、蠶姑　長篇小說　小說創作社（臺北）　民國五十七年（一九六八）
二二、鱗爪集　散　文　水牛出版社（臺北）　民國五十七年（一九六八）
二三、青雲路　短篇小說　臺灣商務印書館（臺北）　民國五十八年（一九六九）
二四、變性記　短篇小說　臺灣商務印書館（臺北）　民國五十八年（一九六九）
二五、龍鳳傳　長篇小說　幼獅書店（臺北）　民國五十九年（一九七〇）
二六、火樹銀花　長篇小說　立志出版社（臺北）　民國五十九年（一九七〇）
二七、浮生集　散　文　聞道出版社（臺南）　民國六十一年（一九七二）
二八、墨人詩選　詩　集　臺灣中華書局（臺北）　民國六十一年（一九七二）
二九、鳳凰谷　長篇小說　臺灣中華書局（臺北）　民國六十一年（一九七二）

三〇、墨人短篇小說選　短篇小說　臺灣中華書局（臺北）　民國六十一年（一九七二）
三一、斷腸人　短篇小說　臺灣學生書局（臺北）　民國六十一年（一九七二）
三二、詩人革命家胡漢民傳　傳記小說　近代中國社（臺北）　民國六十七年（一九七八）
三三、心猿　長篇小說　學人文化公司（臺北）　民國六十八年（一九七九）
三四、山之禮讚　詩　集　秋水詩刊（臺北）　民國六十九年（一九八〇）
三五、心在山林　散　文　中華日報社（臺北）　民國六十九年（一九八〇）
三六、墨人散文集　散　文　學人文化公司（臺中）　民國六十九年（一九八〇）
三七、山中人語　散　文　臺灣商務印書館（臺北）　民國七十二年（一九八三）
三八、花市　散　文　江山出版社（臺北）　民國七十四年（一九八五）
三九、三更燈火五更雞　散　文　江山出版社（臺北）　民國七十四年（一九八五）
四〇、墨人絕律詩集　詩　集　臺灣商務印書館（臺北）　民國七十六年（一九八七）
四一、全唐詩尋幽探微　文學理論　臺灣商務印書館（臺北）　民國七十六年（一九八七）
四二、第二春　短篇小說　采風出版社（臺北）　民國七十七年（一九八八）
四三、全唐宋詞尋幽探微　文學理論　臺灣商務印書館（臺北）　民國七十八年（一九八九）
四四、小園昨夜又東風　散　文　黎明文化公司（臺北）　民國八十年（一九九一）
四五、紅塵（上、中、下三卷）　長篇小說　臺灣新生報社（臺北）　民國八十年（一九九一）
四六、大陸文學之旅　散　文　文史哲出版社（臺北）　民國八十一年（一九九二）

四七、紅塵續集	長篇小說	臺灣新生報社（臺北）	民國八十二年（一九九三）
四八、墨人半世紀詩選	詩　選	文史哲出版社（臺北）	民國八十四年（一九九五）
四九、張本紅樓夢（上下兩巨冊）	修訂批註	湖南出版社（長沙）	民國八十五年（一九九六）
五〇、紅塵心語	散　文	圓明出版社（臺北）	民國八十五年（一九九六）
五一、年年作客伴寒窗	散　文	中天出版社（臺北）	民國八十六年（一九九七）
五二、全宋詩尋幽探微	文學理論	文史哲出版社（臺北）	民國八十九年（二〇〇〇）
五三、墨人詩詞詩話	詩詞・理論	詩藝文出版社（臺北）	民國八十九年（二〇〇〇）
五四、娑婆世界（定本）	長篇小說	昭明出版社（臺北）	民國八十八年（一九九九）
五五、白雪青山（定本）	長篇小說	昭明出版社（臺北）	民國八十九年（二〇〇〇）
五六、滾滾長江（定本）	長篇小說	昭明出版社（臺北）	民國八十九年（二〇〇〇）
五七、春梅小史（定本）	長篇小說	昭明出版社（臺北）	民國八十九年（二〇〇〇）
五八、紫燕（定本）	長篇小說	昭明出版社（臺北）	民國九　十年（二〇〇一）
五九、紅樓夢的寫作技巧（定本）	文學理論	昭明出版社（臺北）	民國九　十年（二〇〇一）
六〇、紅塵六卷（定本）	長篇小說	昭明出版社（臺北）	民國九　十年（二〇〇一）
六一、紅塵法文本	巴黎友豐（you fong）書局出版		二〇〇四年初版

附　註：

▲北京中國文聯出版社二〇〇三年出版　大陸教授羅龍炎・王雅清合著《紅塵》論專書

▲臺北市昭明出版社出版墨人一系列代表作、長篇小說《娑婆世界》、一百九十多萬字的空前大長篇《紅塵》（中法文本共出五版）暨《白雪青山》（兩岸共出六版）、《滾滾長紅》、《春梅小史》、《紫燕》、短篇小說集、文學理論《紅樓夢的寫作技巧》（兩岸共出十四版）等書。臺灣中華書局出版的《墨人自選集》共五大冊，收入長篇小說《白雪青山》、《蠶姑》、《鳳凰谷》、《江水悠悠》（為《東風無力百花殘》易名）、《短篇小說・詩選》合集。《哀祖國》及《合家歡》皆由高雄大業書店再版。臺北詩藝文出版社出版的《墨人詩詞詩話》創作理論兼備，為「五四」以來詩人、作家所未有者。

▲臺灣商務印書館於民國七十三年七月出版先留英後留美哲學博士程石泉、宋瑞等數十人的評論專集《論墨人及其作品》上、下兩冊。

▲《白雪青山》於民國七十八年（一九八九）由臺北大地出版社第三版。

▲臺北中國詩歌藝術學會於一九九五年五月出版《十三家論文》論《墨人半世紀詩選》。

▲《紅塵》於民國七十九年（一九九〇）五月由大陸黃河文化出版社出版前五十四章（香港登記、深圳市印行）。大陸因未有書號未公開發行僅供墨人「大陸文學之旅」時與會作家座談時參考。

▲北京中國文聯出版公司於一九九二年十二月出版長篇小說《春梅小史》（易名《也無風雨也無晴》）；一九九三年四月出版《紅樓夢的寫作技巧》。

▲北京中國社會科學出版社於一九九四年出版散文集《浮生小趣》。

▲北京群眾出版社於一九九五年一月出版散文集《小園昨夜又東風》；一九九五年十月京華出版社出

版長篇小說《白雪青山》大陸版、第一版三千冊，一九九七年八月再版一萬冊。

▲長沙湖南出版社於一九九六年一月初出版墨人費時十多年精心修訂批註的《張本紅樓夢》、分上下兩大冊精裝一萬一千套。立即銷完、因未經墨人親校、難免疏失、墨人未同意再版。

Mo Jen's Works

1950 *The Flames of Freedom*（poems）《自由的火焰》

1952 *Lament for My Mother Country*（poems）《哀祖國》

1953 *Glittering Stars*（novel）《閃爍的星辰》

The Last Choice（short stories）《最後的選擇》

1955 *Black Forest*（novel）《黑森林》

The Hindrance（novel）《魔障》

The Rainbow and An Isolated Island（novel）《孤島長虹》（全集中易名爲富國島）

1963 *The spring Ivy and Old Tree*（novelette）《古樹春藤》

1964 *Narcissus*（novelette）《水仙花》

A Typhonic Night（novelette）《颱風之夜》

Ms.Pei Mong-lan（novelette）《白夢蘭》

The Joy of the Whole Family（novel）《合家歡》

Flower Marriage（novelette）《花嫁》

1965 *White Snow and Green Mountain*（novel）《白雪青山》

The Short Story of Miss Chung Mei（novel）《春梅小史》

The Powerless Spring Breeze and Faded Flowers（novel）《東風無力百花殘》(《江水悠悠》)

Flower Blossom in Loyang（novel）《洛陽花似錦》

1966 *The Writing Technique of the Dream of Red Chamber*（literature theory）《紅樓夢的寫作技巧》

Out of The Wild Frontier（novelette）《塞外》

1967 *A Heart-broken Story*（novel）《碎心記》

1968 *Miss Clever*（novel）《靈姑》

Trifle（prose）《鱗爪集》

1969 *The Road to Promotion*（novelette）《青雲路》

1970 *A Sex-change Story*（novelette）《變性記》

The Biography of the Dragon and the Phoenix（novel）《龍鳳傳》

1971 *A Brilliantly lighted Garden*（novel）《火樹銀花》

1972 *My Floating Life*（prose）《浮生記》

Selection of Mo Jen's Poems《墨人詩選》
A Heart-broken Woman（novelette）《斷腸人》
Phoenix Valley（novel）《鳳凰谷》
Mo Jen's Works（five volumes）《墨人自選集》
Selection of Mo Jen's short stores《墨人短篇小說選》
1978 Hu Han-ming, the Poet and Revolutionist（novel）《詩人革命家胡漢民》
1979 The Mokey in the Heart（i.e. The Purple Swallow renamed）《心猿》
1980 The Hermit（prose）《心在山林》
A Collection of Mo Jen's Prose（prose）《墨人散文集》
A Praise to Mountains（poems）《山之禮讚》
1983 Mountaineer's Remarks（prose）《山中人語》
1985 My Candle Burns at Both Ends（prose）《三更燈火五更雞》
Flower Market（prose）《花市》
1986 A Mundane World（novel, four volumes, over 1.9 million words）《紅塵》
1987 Remarks on All Poems of the Tang Dynasty（theory）《全唐詩尋幽探微》
1988 Remarks On All Tsyr（prose poem）of the Tang and Sung Dynasties（theory）《全唐宋詞尋幽探微》
1991 The Breeze That Came From The East Last Night in My Little garden Again（prose）《小園昨夜又東風》

1992 *Travel for Literature in Mainland China*（prose）《大陸文學之旅》

1995 *Selection of Mo Jen's Poems, 1992-1994*《墨人半世紀詩選》

1996 *I'll look upon the World*《紅塵心語》

Chang Edition of the Dream of Red Chamber《張本紅樓夢》（修訂批註）

1997 *Cherish thy guests and the Muses*《年年作伴寒窗》

1999 *Saha Shih Gai*《娑婆世界》

1999 *Remarks on All Poems of the sung Dynasties*《全宋詩尋幽探尋》

1999 *Mo Jen's Classical Poems and Prose Poems*《墨人詩詞詩話》

2004 *Poussiere Rouge*《紅塵》法文譯本

墨人博士創作年表（二〇〇五年增訂）

年度	年齡	發表出版作品及重要文學紀錄摘要
民國二十八年己卯（一九三九）	十九歲	在東南戰區《前線日報》發表〈臨川新貌〉。淪陷區著名的上海《大美晚報》隨即轉載。
民國二十九年庚辰（一九四〇）	二十歲	在《前線日報》發表〈希望〉、〈路〉等新詩作品。
民國三十年辛巳（一九四一）	二十一歲	在《前線日報》發表〈評夏伯陽〉書評等文。
民國三十一年壬午（一九四二）	二十二歲	在各大報發表〈苦難的行列〉、〈贛州禮讚〉、〈長詩〉、〈老船夫〉、〈盲歌者〉、〈自己的輓歌〉、〈抹去那怯弱的眼淚吧〉、〈生命之歌〉、〈快樂鳥〉、〈鷂鷹與雲雀〉等詩及散文多篇。
民國三十二年癸未（一九四三）	二十三歲	在各大報發表長詩〈鋤奸隊長〉、〈搜索連長〉、〈遙寄〉、〈寫在第七個七七〉、〈父親〉、〈受難的女神〉、〈城市的夜〉及〈火把〉、〈擊柝者〉、〈橋〉、〈古鐘〉、〈汽笛〉、〈山居〉、〈沙灘〉、〈夜行者〉、〈孤芳〉、〈蚊蟲〉、〈蒼蠅〉、〈鬩鬪〉、〈陽光〉、〈深秋〉、〈贈某詩人兼寫自己〉、〈哀亡命詩人〉、〈自供〉、〈自壓詩抄〉、〈哀歌〉、〈生活〉、〈給偶像崇拜者〉、〈戰書〉、〈燈下獨白〉、〈夜歸〉、〈失眠之夜〉、〈悼〉、〈殘英〉、〈黃昏曲〉、〈補綴〉、〈復活的季節〉、〈擬戀歌〉、〈晨雀〉、〈春耕〉、〈天空的搏鬥〉等長短抒情詩。另發表散文及短篇小說多篇。

民國三十三年甲申（一九三九）	二十四歲	發表〈山城草〉五首及〈沒有褲子穿的女人〉、〈襤褸的孩子〉、〈駝鈴〉、〈無聲的哭泣〉、〈長夜草〉、〈春夜〉、〈擬某女演員〉、〈蛙聲〉、〈麥笛〉等詩及散文多篇。
民國三十四年乙酉（一九四五）	二十五歲	發表〈最後的勝利〉及〈煉獄裏的聲音〉、〈神女〉、〈鬪〉等長詩與散文多篇。
民國三十五年丙戌（一九四六）	二十六歲	發表〈夢〉、〈春天不在這裡〉等詩及散文多篇。
民國三十六年丁亥（一九四七）	二十七歲	發表〈冬天的歌〉、〈流浪者之歌〉、〈手杖、煙斗〉及長詩〈上海抒情〉等與散文多篇。
民國三十七年戊子（一九四八）	二十八歲	主編軍中雜誌、撰寫時論，均不署名。
民國三十八年己丑（一九四九）	二十九歲	七月渡海抵臺、發表〈星獻〉、〈滿妹〉、及長詩〈自由的火燄〉、〈人類的宣言〉等及散文多篇。
民國三十九年庚寅（一九五〇）	三十歲	發表〈站起來、捏死他！〉、〈滾出去、馬立克！〉、〈英國人〉、〈海洋頌〉等詩。出版《自由的火燄》詩集。
民國四十年辛卯（一九五一）	三十一歲	發表〈春晨獨步〉、〈炫與殉〉、〈悼三閭大夫屈原〉、〈詩聯隊〉、〈心靈之歌〉、〈子夜獨唱〉、〈真理、愛情〉、〈友情的花朵〉、〈啊、西風啊！〉、〈歲暮吟〉、〈師生〉、〈往事〉、〈天書〉、〈歷程〉、〈雨天〉、〈火車飛馳在海岸線上〉、〈帶路者〉、〈送第一艦隊出征〉等詩、及〈哀祖國〉長詩。
民國四十一年壬辰（一九五二）	三十二歲	發表〈未完成的想像〉、〈鄺上吟〉、〈窗下吟〉、〈白髮吟〉、〈秋夜經吟〉、〈秋訊〉、〈渴念、追求〉、〈寂寞、孤獨〉、〈冬眠〉、〈我想把你忘記〉、〈想念〉、〈成人的悲歌〉、〈訴〉、〈詩人〉、〈詩〉、〈貝絲〉、「春天的懷念」五首、〈和風〉、〈夜雨〉、〈臺灣海峽的霧〉等及散文、短篇小說多篇。　出版《哀祖國》詩集。

民國四十二年癸巳（一九五三）	三十三歲	發表〈寄台北詩人〉等詩及散文短篇小說多篇。高雄百成書店出版短篇小說集《最後的選擇》，收入〈華玲〉、〈生死戀〉、〈梅蘭馨〉、〈敵人的故事〉、〈最後的選擇〉、〈蔣復成〉、〈姚醫生〉等七篇。大業書店出版長篇小說《閃爍的星晨》一、二兩冊。
民國四十三年甲午（一九五四）	三十四歲	發表〈雪萊〉、〈海鷗〉、〈鳳凰木〉、〈流螢〉、〈鵝鑾鼻〉、〈海邊的城〉、〈長夏小唱〉及散文、短篇小說多篇。
民國四十四年乙未（一九五五）	三十五歲	發表〈雲〉、〈F-86〉、〈顯GK〉等詩及散文、短篇小說多篇。香港亞洲出版社出版長篇小說《黑森林》，並獲中華文獎會國父誕辰長篇小說第二獎（第一獎從缺）。
民國四十五年丙申（一九五六）	三十六歲	發表〈四月〉等詩及散文、短篇小說多篇。
民國四十六年丁酉（一九五七）	三十七歲	發表〈月亮〉、〈九月之旅〉、〈雨和花〉等詩及長篇小說《魔障》。
民國四十七年戊戌（一九五八）	三十八歲	暢流半月刊雜誌社出版長篇連載小說《魔障》。
民國四十八年己亥（一九五九）	三十九歲	發表短篇小說、散文多篇。文壇雜誌社出版長篇小說《孤島長虹》（全集中易名為《富國島》）。
民國四十九年庚子（一九六〇）	四十歲	發表〈橫貫小唱〉等詩及散文、短篇小說多篇。
民國五十年辛丑（一九六一）	四十一歲	發表〈熱帶魚〉、〈豎琴〉、〈水仙〉等詩及短篇小說甚多。奧國維也納納富出版公司編選的《世界最佳小說選》選入短篇說〈馬騮〉，同時入選者有諾貝爾文學獎得主威廉福克納、拉革克菲斯特等世界各國名作家作品。

民國五十一年壬寅（一九六二）	四十二歲	發表〈青鳥〉、〈兩腳獸〉、〈晚會〉、〈祈禱〉等詩及短篇小說甚多。奧國維也納納喬出版公司又將短篇小說《小黃》（以江州司馬筆名撰寫者）選入《世界最佳小說選》，同時入選者有諾貝爾獎得主蕭洛霍夫、郭沫若及世界各國名作家作品。
民國五十二年癸卯（一九六三）	四十三歲	香港九龍東方文學出版社出版中篇小說《古樹春藤》。發表短篇小說、散文甚多。
民國五十三年甲辰（一九六四）	四十四歲	香港九龍東方文學社出版短篇小說集《花嫁》，收入〈教師爺〉、〈劉二爹〉、〈二媽〉、〈異鄉人〉、〈花嫁〉、〈扶桑花〉、〈南海屠鮫〉、〈高山曲〉、〈古寺心聲〉、〈誘惑〉、〈隱情〉、〈美珠〉、〈新苗〉、〈心聲淚影〉等十四篇。 高雄長城出版社出版中短篇小說集《水仙花》，收入〈水仙花〉、〈銀杏表嫂〉、〈圓房記〉、〈江湖兒女〉、〈天鵝〉、〈賭徒〉、〈搶親〉、〈黃龍〉、〈風雪歸人〉、〈花子老爺〉、〈靈雲寺的居士〉、〈人與樹〉、〈過客〉、〈阿婆〉、〈馬腳〉、〈小黃〉等十六篇。 高雄長城出版社出版中短篇小說集《白夢蘭》，收入〈情敵〉、〈空手〉、〈師生〉、〈斷夢〉、〈黃昏曲〉、〈白夢蘭〉、〈平安夜〉、〈凱塞琳．萊蒙托夫與我〉、〈陽春白雪〉、〈亂世佳人〉、〈傷心之旅〉、〈白衣清淚〉、〈護士與病人〉、〈如夢記〉、〈除夕〉等十五篇。　高雄長城出版社出版《中華日報》連載的二十五萬字長篇小說《白雪青山》。　發表短篇小說、散文甚多。
民國五十四年乙巳（一九六五）	四十五歲	高雄長城出版社出版連載長篇小說《洛陽花似錦》、《春梅小史》、《東風無力百花殘》三部。　發表短篇小說、散文甚多。省政府新聞處出版長篇小說《合家歡》。
民國五十五年丙午（一九六六）	四十六歲	是年五月赴馬尼拉華僑文教講習會講授「紅樓夢的寫作技巧」及新詩課程一個月。 商務印書館出版文學理論專著《紅樓夢的寫作技巧》，全書共十五萬字。 商務印書館出版中短篇小說集《塞外》，收入〈塞外〉、〈鬍子〉、〈百合花〉、〈天山風雲〉、〈白金龍〉、〈白狼〉、〈秋爾紫鵑〉、〈曹萬秋的衣缽〉、〈半路夫妻〉、〈百鳥聲喧〉、〈風竹與野馬〉、〈美人計〉、〈夜襲〉、〈花燭劫〉等十四篇。

民國五十六年丁未（一九六七）	四十七歲	發表短篇小說、散文甚多。小說創作社出版連載長篇小說《碎心記》。
民國五十七年戊申（一九六八）	四十八歲	小說創作社出版《中華日報》連載長篇小說《癡姑》。水牛出版社出版散文集《鱗爪集》，收入〈家鄉的魚〉、〈家鄉的鳥〉、〈雪天的懷念〉、〈秋山紅葉〉、〈學問與創作之間〉等散文七十六篇、舊詩三首。
民國五十八年己酉（一九六九）	四十九歲	商務印書館出版中短篇小說集《青雲路》。收入〈世家子弟〉、〈青雲路〉、〈空棺記〉、〈久香〉等四篇。
民國五十九年庚戌（一九七〇）	五十歲	商務印書館出版中短篇小說集《變性記》。收入〈變性記〉、〈嬌客〉、〈歲寒圖〉、〈泥龍〉、〈祖孫父子〉、〈秋風落葉〉、〈老夫老妻〉、〈恩愛夫妻〉、〈布販與偷雞賊〉、〈芳鄰〉、〈沙漠王子〉、〈沙漠之狼〉、〈世界通先生〉、〈寶珠的祕密〉、〈奇緣〉等十五篇。幼獅文化事業公司出版長篇小說《龍鳳傳》。臺北立志出版社出版長篇《火樹銀花》出版全集時易名《同是天涯淪落人》。
民國六十年辛亥（一九七一）	五十一歲	立志出版社出版長篇小說《火樹銀花》。發表散文多篇及在高雄《新聞報》連載長篇小說《紫燕》。
民國六十一年壬子（一九七二）	五十二歲	闢道出版社出版散文集《浮生集》。收入〈文藝的危機〉、〈貝克特高風〉、〈五十年華〉等散文十三篇、舊詩六首。學生書局出版短篇小說散文合集《斷腸人》。收入短篇小說〈斷腸人〉、〈薇薇〉、〈相見歡〉、〈滄桑記〉、〈恩怨〉、〈夜宴〉等七篇及散文〈文學系與文學創作〉、〈大學國文教學我見〉、〈作家之死〉等十五篇。　中華書局出版《墨人自選集》五大冊。包括長篇小說《白雪青山》、《癡姑》、《鳳凰谷》、《江水悠悠》（《東風無力百花殘》易名）及《短篇小說、詩選》（精選短篇小說二十八篇、抒情詩一〇六首）、共一百五十萬字。
民國六十二年癸丑（一九七三）	五十三歲	發表散文多篇。列入英國劍橋國際傳記中心（International Biographical Centre Cambridge England）出版的《國際詩人名錄》（*International Who's Who in Poetry, 1973*）。

民國六十三年甲寅（一九七四）	五十四歲	出席第二屆世界詩人大會。 發表散文多篇。
民國六十四年乙卯（一九七五）	五十五歲	列入正中書局出版的《中華民國文藝史》（1975）。發表〈臺北的黃昏〉新詩一首及散文多篇。
民國六十五年丙辰（一九七六）	五十六歲	列入英國劍橋國際傳記中心出版的 *Men of Achievement. 1976* 發表〈歷史的會晤〉新詩及散文、短篇小說多篇。
民國六十六年丁巳（一九七七）	五十七歲	應 I.B.C 邀請於三月間赴義大利翡冷翠出席國際文藝交流大會（The 3rd I.B.C. International Congress on Arts and Communications）。會後環遊世界。發表〈羅馬之雲〉、〈羅馬之松〉、〈翡冷翠的女郎〉、〈翡冷翠之柳〉、〈塞納河〉等詩及羅馬掠影」、〈異域記〉、〈威尼斯之旅〉、〈藝術之都翡冷翠〉、〈西雅奈與比薩斜塔〉、〈美國行〉、〈江戶、皇宮、御苑〉、〈環球心影〉等遊記。 在《中國時報》發表有關中國文化論文〈中國文化的三條根〉，在《新生報》發表〈文藝界的『洋』瘋癲〉等多篇。
民國六十七年戊午（一九七八）	五十八歲	近代中國社出版長篇傳記小說《詩人革命胡漢民傳》。 列入英國劍橋國際傳記中心出版的《國際名人辭典》（*Dictionary of International Biogaphy.1978*）、《國際知識分子名錄》（*International Who's Who of Intellectual.1978*）、《國際人名剪影》*International Register of Profiles*）、《國際社會名人錄》（*International Who's Who in Community Service*），發表〈六月之荷〉詩一首。 在各報發表〈中國文化的宇宙觀〉、〈中國文化的真面目〉、〈文化、社會形態與當代文學創作（為亞洲文學會議而作）〉、〈人與宇宙自然法則〉等。 出席亞洲文學會議。　列入中華書局出版的《中華民國當代名人錄》（*Who's Who of R.O.C. 1978*）　列入行政院新聞局編印的一九七八年英文《中華民國年鑑名人錄》（*China Yearbook Who's Who*）。

民國六十八年己未（一九七九）	五十九歲	學人文化事業有限公司出版長篇小說《心猿》（《紫燕》易名）。發表短篇小說〈春〉、〈杏林之春〉、長詩〈哀吉米•卡特〉及〈山之禮讚〉五首。短篇〈客從故鄉來〉、〈人瑞〉。理論〈中國古典小說戲劇〉、〈抗戰文學的整理與再創作〉（《中央日報》）等多篇。
民國六十九年庚申（一九八〇）	六十歲	秋水詩刊社出版詩集《山之禮讚》，收集六十四年以後新詩四十四首及七言絕律詩十首。　中華日報社出版散文集《心在山林》，收集〈花甲豐中過〉、〈老當益壯〉，及抒情寫景散文數十篇。 臺中學人文化事業出版有限公司出版《墨人散文集》收集〈文化、社會形態與當代文學創作〉、〈人與宇宙自然法則〉、〈中國文化的三條根〉、〈宇宙爲心人爲本〉、〈文藝界的『洋』癲瘋〉等理論性散文數十篇。 在《中央日報•副刊》發表〈紅樓夢研究的正確方向〉，《中華日報•副刊》發表〈人生六十樹常青〉，《青年戰士報•新文藝副刊》發表〈山中人語〉專欄文章〈山水之間〉、〈生命長短價值觀〉、〈寶刀未老〉、〈七進七出鬼門關〉、〈報人甘苦〉、〈杏壇生涯〉等。 接受《大華晚報》採訪組副主任程榕寧兩次訪問，一爲談胡漢民生平，一爲談《易經》、《道德經》、命學，並發表〈醫學命學與人生〉專文。
民國七十年辛酉（一九八一）	六十一歲	繼續撰寫《山中人語》專欄。 應臺中市《自由日報》特約撰寫《浮生小記》專欄。 應行政院新聞局邀請參觀本省農漁畜牧事業單位，並在《中央日報》發表〈人在福中〉散文。 接受臺灣廣播公司《成功之路》節目訪問，於四月廿七日晚八時半播出。 在高雄《新聞報》發表〈撥亂反正說紅樓〉（六月十七、十八日）論文。
民國七十一年壬戌（一九八二）	六十二歲	九月赴漢城出席第二屆中韓作家會議，並在東京參加中日作家會議，曾暢遊南韓、北海道、大阪至東京名勝地區，歸後撰寫〈韓國掠影〉、〈秋遊北海道〉，發表於《中央日報》。 列入中華民國名人傳記中心出版的《中華民國現代名人錄》。

		列入英國劍橋國際傳記中心出版的《傑出男女傳記》(*Men and Women of Distinction*)並附照片。列入美國 MarQuis 公司出版的《世界名人錄》(*Who's Who in the World*)第六版。接受義大利藝術大學授予的文學功績證書。
民國七十二年癸亥(一九八三)	六十三歲	商務印書館出版散文集《山中人語》，收集散文七十篇。
民國七十三年甲子(一九八四)	六十四歲	商務印書館出版《論墨人及其作品》上、下兩冊，包括評論文章六十餘篇。列入義大利 **Accademia Itlia** 出版英、法、德、義四種文字的《國際文學史》(*The History of International Literature*)及《百科全書：當代人物(*The Encyclopadeia: Contemporary Personalities*)》。端午節(六月四日)開筆撰寫已構思準備十餘年的一百餘萬字的大長篇小說《紅塵》，年底完成初稿四十餘萬字。十月在韓國漢城舉行的第四屆中韓作家會議，事忙未能出席，但提出一萬餘字的論文〈古典與現代〉一篇。
民國七十四年乙丑(一九八五)	六十五歲	由江山出版社出版《三更燈火五更雞》、《花市》散文集等兩本，前者收入散文、理論二十四篇，後者收入散文遊記二十七篇。八月一日退休，專心寫作《紅塵》，於十二月底完成九十二章，告一段落，共一百二十萬字，超出《紅樓夢》十餘萬字，內有絕律詩(聯)三十一首。
民國七十五年丙寅(一九八六)	六十六歲	年初開始研讀《全唐詩》，撰寫《全唐詩尋幽探微》，十一月完成，共十二萬餘字，一面在《新聞報‧西子灣》發表，並連同歷年所作絕律詩三十七首，定名為《墨人絕律詩集》，一併交與臺灣商務印書館簽約出版。列入美國 **A.B.I.** 出版的 **5000 Personalities of the World**；英國 **I.B.C.** 出版的 *The International Authors and Writers Who's Who.*

民國七十六年丁卯（一九八七）	六十七歲	訪問考察東南亞地區、國家馬來西亞、新加坡、泰國、菲律賓、香港十七天、並出席多次座談會。 商務印書館出版《全唐詩尋幽探微》（附《墨人絕律詩集》）。 《紅塵》長篇小說於三月五日開始在《臺灣新生報》連載。 七月四、五日出席在臺北市召開的抗戰文學研討會。 八月一日出席在高雄市召開的第七屆中韓作家會議。
民國七十七年戊辰（一九八八）	六十八歲	元月二日完成《全唐宋詞尋幽探微》（附《墨人詩餘》）全書十六萬字。設於英國深受世界尊重的「國際大學基金會」（The Marguis Giuseppe Scicluna 1855-1907 International University Foundation）（Founded 1973）授予榮譽文學博士學位。 臺灣商務印書館出版《全唐宋詞尋幽探微》。
民國七十八年己巳（一九八九）	六十九歲	臺北大地出版社三版長篇小說《白雪青山》。 世界大學（World University）授予榮譽文學博士學位。
民國七十九年庚午（一九九〇）	七十歲	五月應大陸黃河文化實業公司邀請、作四十天文學之旅、與北京、上海、杭州、九江、武漢、西安、蘭州等地作家座談中華文化、文學創作、坦誠交換意見、獲得一致共識、真摯友情與尊敬、廣州電視臺並全程錄影、製作專輯播出、六月底返臺後即撰寫《大陸文學之旅》專著。 艾因斯坦國際學院基金會（Albert Einstein 1879-1955 International Academy Foundation）授予榮譽人文學博士學位。 榮列英國劍橋國際傳記中心出版的 IBC Book of Dedications. 占全書篇幅五頁、刊登照片五張、介紹五十年創作生涯、十分翔實、篇幅之大、為全書冠、並禮聘為 IBC 副總裁。
民國八十年辛未（一九九一）	七十一歲	二月底新生報出版《紅塵》、二十五開本、上、中、下三鉅冊。黎明文化事業公司出版《小園昨夜又東風》散文集。 應香港廣大學院禮聘為中國文學研究所客座指導教授。 《紅塵》榮獲新聞局著作金鼎獎及嘉新優良著作獎。

民國八十一年壬申（一九九二）	七十二歲	文史哲出版社出版《大陸文學之旅》。 應聘香港廣大學院中研所客座指導教授。 一月五日開筆寫《紅塵續集》，自九十三章起至一百三十章止，共四十萬字，六月十日完稿，《紅塵》全書共一百九十萬字。續集自十二月一日開始在《臺灣新生報・副刊》連載近年，雙破長篇鉅著及連載紀錄。中國廣播公司《中廣小說選播》節目，亦於十二月一日十四時三十分，在AM657千赫第一廣播網開始播出長篇鉅著《紅塵》上、中、下三冊，由甄愛華小姐導播，集該公司播音精英，通力合作，龍老夫人一角由播音元老白銀飾演，其餘人物均為一時之選，效果奇佳，前所未有。　北京「中國文聯出版公司」出版《也無風雨也無晴》。 墨人故鄉九江《師專學報》，於本年起開闢《墨人研究》專欄，與《陶淵明研究》、《黃山谷研究》，並稱三大專欄，甚受教育、學術界重視。
民國八十二年癸酉（一九九三）	七十三歲	十月下旬，偕《秋水》詩刊同仁涂靜怡、雪柔、麥穗、汪洋萍、風信子、林蔚穎等為慶祝《秋水》創刊二十周年，訪問哈爾濱、北京、西安三大都市，與當地詩人座談交流，水乳交融，兩岸詩人因而建立深厚友誼。十一月初，隻身訪問昆明，探親，昆明作協主席曉雪，八十多歲老作家李喬，小說家張昆華，《春城晚報》副總編輯熊廷武，副刊主編原因，理論家教授余斌，作家湯世傑，李錦華等集會歡迎，其中多為白族、彝族等少數民族作家，乃以雲南少數民族文化資源努力創作相勉，深獲共鳴。資深作家彭荆風，晚間並來下榻處暢談。 繼續應聘香港廣大學院中研所客座指導教授三年。 十二月新生報社出版《紅塵續集》，全書共四大冊，其實前後一貫，為一整體，該報為方便，乃以《續集》名之。一生心願心血得以完成，在輕、薄、短、小及商品文學獨占市場情況下，亦一大異數。北京「中國文聯出版公司出版《紅樓夢的寫作技巧》。

民國八十三年甲戌（一九九四）	七十四歲	一月開始研讀自北京購回的《全宋詩》、擬續寫《全宋詩尋幽探微》。四月十一日接受臺北復興廣播電臺《名人專訪》節目主持人裴雯小姐訪問；談一生寫作歷程及大長篇《紅塵》寫作經過。臺北《世界論壇報》副社長兼副刊主編詩人評論家周伯乃先生、特自五月三十一日起一連三天出版特刊，慶祝七十晉五誕辰暨創作五十五周年，除刊出〈小傳〉、〈七五人生一首詩〉、〈中國新詩與傳統詩詞的整合〉、〈叩開生命之門〉三篇新作外、並刊出蒙古族女詩人作家薩仁圖婭的〈墨人：屈原風骨中華魂〉，及馬來西亞霹靂州立女子中學校長、詩詞家、散文作家彭士麟女士論《紅塵》與大陸作家作品比較的書信、墨人著作校長、詩詞家、散文作家彭士麟女士論《紅塵》與大陸作家作品比較的書信、墨人著作目錄、美國兩個榮譽文學博士、一個人文學博士照片三張、《紅塵》獲獎照片一張、及周伯乃〈無限的祝禱〉文等。八月七日、中國時報系的《工商日報・讀書版・大書坊》刊出蓓齡的《紅塵》墨人專訪文章、並配合攝影記者何日昌拍攝的墨人及《紅塵》四冊照片。大陸廣州暨南大學中文系教授兼臺港暨海外華文文學研究中心主任、評論家潘亞暾、費時月餘撰寫《紅塵續集》論文達一萬餘字的〈偉大史詩的歸結〉、於九月二十一至二十五日在臺北市《世界論壇報・副刊》全文刊出、見解不凡、對《續集》的成功更使他大吃一驚、因此、更肯定《紅塵》的史詩價值、地位。八月二十八日第十五屆世界詩人大會在臺北召開、僅提出〈中國新詩與傳統詩詞的整合〉論文一篇、並未出席、論文則由《中國詩刊》主編曾美霞女士代讀。
民國八十四年乙亥（一九九五）	七十五歲	一月、臺北文史哲出版社出版《墨人半世紀詩選》（一九四二——一九九四）。一月十日應臺北廣播電臺《藝文夜話》主持人宋英小姐訪問、許導播秀玲決定十日開播《紅塵》全書四冊，每日廣播兩次。中國詩歌藝術學會主辦、中國文藝協會協辦、於五月二十二日在臺北市中國文藝協會舉行《墨人世半紀詩選》學術研討會、與會詩人、評論家六十餘人、討論情況熱烈、並印發海峽兩岸評論家王常新、古繼堂、古遠清、李春生、楊允達、周伯乃等十三家論文專集。各家均推崇、肯定新舊詩兩方面的成就與半個多世紀的貢獻。

		英國劍橋國際傳記中心頒贈二十世紀文學傑出成就獎。榮列一九九五年英國劍橋國際傳記中心出版的 The Definitive Book of the Deputy Directors General of the IBC，佔全書篇幅五頁，刊登照片五張，為全書之冠。
民國八十五年丙子（一九九六）	七十六歲	臺北圓明出版社出版涵蓋儒、釋、道三家思想的散文集《紅塵心語》。卷首有珍貴的文學照片十餘張。臺北中國詩歌藝術學會出版《十三家論文》論《墨人半世紀詩選》。
民國八十六年丁丑（一九九七）	七十七歲	臺北中天出版社出版與《紅塵心語》為姊妹集的散文集《年年作客伴寒窗》，各篇亦均以五、七言詩作題，內中作者詩詞亦多，並附錄珍貴文學資料訪問記、特寫、著作目錄等十餘篇。出任「乾坤」詩刊顧問，並主編該刊古典詩詞。完成《墨人詩詞詩話》、《全宋詩尋幽探微》兩書全文。
民國八十七年戊寅（一九九八）	七十八歲	構思六年的以佛學精義結合修行心得化為文學創作的長篇小說《婆娑世界》，於三月二十八日開筆，十二月脫稿。共三十八章，五十多萬字。英國劍橋國際傳記中心（IBC）出版《二十世紀傑出人物》以照片配合文字將墨人傳記刊卷首重要位置，並頒發獎狀。大陸中國國際經濟文化交流促進會、燕京國際文化藝術研究會等七大單位編纂出版的《世界華人文學藝術界名人錄》，中國國際交流出版社出版的《世界名人錄》，均為十六開巨型中文本。
民國八十八年己卯（一九九九）	七十九歲	本年為來臺五十周年、創作六十周年、中國習俗八十歲，昭明出版社出版長篇小說《婆娑世界》。美國傳記學會（ABI）出版二十世紀《五百位有影響力的領袖》，以照片配合文字將墨人傳記刊於卷首重要位置並頒發獎狀。照片及詩詞五首編入中國《當代吟壇》巨著。　美國「世界智庫」與艾因斯坦國際學會基金會」聯合頒贈墨人傑出成就榮譽獎，以紀念千禧年，並榮列中國出版的《中華精英大全》。美國傳記學會頒贈墨人「二十世紀成就獎」。

民國八十九年庚辰（二〇〇〇）	八十歲	臺北昭明出版社陸續出版定本長篇小說《白雪青山》、《滾滾長江》、《春梅小史》；文學理論《紅樓夢的寫作技巧》、連同民國八十八年出版的長篇小說《娑婆世界》，並列為墨人一系列代表作品，以慶祝墨人八十整壽。臺北詩藝文出版社出版《墨人詩詞詩話》。臺北文史哲出版社出版《全宋詩尋幽探微》。
民國九十年辛巳（二〇〇一）	八十一歲	臺北昭明出版社出版長篇小說定本《紅塵》全書六冊及長篇小說《紫燕》定本。
民國九十一年壬午（二〇〇二）	八十二歲	五月三日偕長子邏翰赴上海訪友小住。英國劍橋國際傳記中心授予「終身成就獎」。
民國九十二年癸未（二〇〇三）	八十三歲	八月底偕夫人及在臺子女四人經上海轉往故鄉九江市掃墓探親並遊廬山。
民國九十三年甲申（二〇〇四）	八十四歲	準備出版全集（經臺北榮民總醫院檢查無任何疾病。）巴黎 you-Feng 書局出版臺華典雅法文本《紅塵》。
民國九十四年乙酉（二〇〇五）	八十五歲	此後五年不遠行，以防交通意外，準備資料。計劃百歲前開筆撰寫新長篇小說。北京「中央出版社」出版《強國丰碑》，以著名文學家張萬熙為題刊出墨人傳略，為臺灣及海外華人作家唯一入選者。並先後接到北京電話、書函邀請寄送資料編入《一代名家》、《中華文化藝術名家名作世界傳播錄》。
民國九十五年丙戌（二〇〇六）至民國一百年（二〇一一）——	八十六歲至九十二歲 ——	重讀重校全集，已與臺北市文史哲出版社簽訂出版《墨人博士作品全集》合約，民國一百年年內可以出版。此為「五四」以來中國大陸與臺灣所未有者。